POLYGLOTT on tour

Vietnam

Die Autoren

Franz Josef Krücker
studierte Sozialwissenschaften, Englisch und Pädagogik und beschäftigt sich seit mehr als 20 Jahren journalistisch mit Asien. Seit 1991 ist er jedes Jahr auf ausgedehnten Reisen in Südostasien unterwegs.

Martin H. Petrich,
in Berlin lebender Autor und Studienreiseleiter, bereist regelmäßig Vietnam und lässt sich gern von der Dynamik des Landes mitreißen. Das feine Essen und die außergewöhnlichen Landschaften haben es ihm besonders angetan.

Das System der POLYGLOTT Sterne

Auf Ihrer Reise weisen Ihnen die Polyglott-Sterne den Weg zu den bedeutendsten Sehenswürdigkeiten aus Natur und Kultur. Für die Vergabe orientieren sich Autoren und Redaktion am UNESCO-Welterbe.

*** eine Reise wert ** einen Umweg wert * sehr sehenswert

Unsere Preissymbole bedeuten:

Hotel (DZ)		Restaurant (Menü)	
●●●	über 80 $	●●●	über 10 $
●●	30 bis 80 $	●●	4 bis 10 $
●	unter 30 €	●	unter 4 $

Wechselkurs:

1 €	ca. 27 000 VND	1 CHF	ca. 23 000 VND
10 000 VND	ca. 0,37 €	10 000 VND	ca. 0,44 CHF
21 000 VND	ca. 1 $	10 000 VND	ca. 0,48 S

Reiseplanung

Land & Leute

Unterwegs in Vietnam

Im Norden zeigt sich die größte landschaftliche Vielfalt Vietnams: die weiten Ebenen des Roten-Fluss-Deltas mit der Hauptstadt Hanoi, die bizarre Inselwelt der Ha-Long-Bucht und die verwunschene Bergwelt im Nordwesten.

Die Mitte des Landes zieht sich als schmales Band von Bergen und Buchten südwärts. Hier liegen mit Hue, Hoi An, My Son und dem Phong-Nha-Ke-Bang-Nationalpark gleich vier UNESCO-Welterbestätten.

Traumstrände, karge Küstenstreifen, fruchtbares Hochland und geschäftige Hafenstädte – all das finden Sie im tropischen Süden Vietnams. Wie ein aufgeregtes Herz schlägt mittendrin die vibrierende Megacity Saigon.

Auf einer Fläche so groß wie die Schweiz durchziehen die mächtigen Arme des Mekong mit ihren unzähligen Nebenarmen und Kanälen eine fruchtbare Tropenlandschaft, in der die Menschen von und mit dem Wasser leben.

Echt gut!

Karten

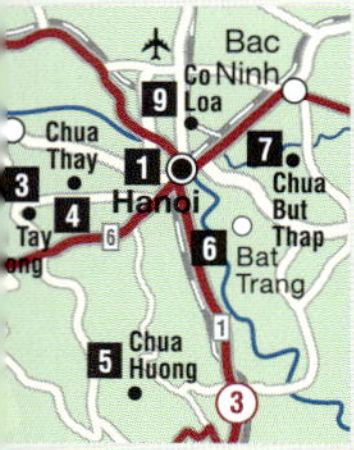

Reiseplanung

Die Reiseregion im Überlick][Die schönsten Touren][Klima und Reisezeit][Anreise][Reisen im Land][Sport und Aktivitäten][Unterkunft

Die Reiseregion im Überblick

Ob Kulturtrip oder Badeurlaub, Bergtour oder Städtereise – Vietnam ist ein vielseitiges Reiseziel. Entlang der über 3200 km langen Küste laden zahlreiche Strände und Buchten zur Erholung ein; in den Bergen und auf dem Hochland lassen sich schöne Wanderungen unternehmen und interessante Volksgruppen kennenlernen; in den Städten können Sie sich dem Shoppen hingeben und auf historische Spurensuche begeben; die beiden Delta-Gebiete wiederum beeindrucken durch ihre in Jahrhunderten geformten Kulturlandschaften. Der Krieg ist lange passé und anstelle von Marx regiert der Markt.

Um einen Gesamteindruck zu bekommen, sollten Sie das Land von Nord nach Süd (oder umgekehrt) bereisen. Am besten wählen Sie in diesem Fall einen Gabelflug. Sie landen in Hanoi und verlassen Vietnam von Ho-Chi-Minh-Stadt aus.

Die Metropole Hanoi ist mit seinen vielen Sehenswürdigkeiten eine gute Ausgangsbasis für Touren im **Norden,** seien es Tagesausflüge zu interessanten Handwerksdörfern in der Umgebung, eine Bootsfahrt durch die Ha-Long-Bucht oder eine Entdeckungsreise ins Delta des Roten Flusses. Weitere Bilderbuchlandschaften erwarten Besucher in der Trockenen Ha-Long-Bucht bei Ninh Binh und im Cuc-Phuong-Nationalpark. Zudem kann man von der Hauptstadt aus im Rahmen einer Rundtour über Dien Bien Phu und Sa Pa die Bergwelt erkunden und einen Einblick in das Leben der Minderheiten bekommen.

Das schmale **Zentrum** Vietnams punktet mit einer wunderbaren Mischung aus Strand, Natur und Kultur. Hier liegen gleich vier UNESCO-Welterbestätten: der Phong-Nha-Ke-Bang-Nationalpark bei Dong Hoi mit fantastischen Tropfsteinhöhlen und einer unberührten Karstlandschaft; Hue mit zahlreichen Zeugnissen der letzten Könige; My Son, die alte Tempelstätte der Cham; und Hoi An, einst bedeutende Hafenstadt und heute ein Einkaufsmekka. Darüber hinaus lässt es sich an den Stränden bei Da Nang, Hoi An und Qui Nhon wunderbar entspannen.

Der **Süden** zeigt sich zwischen Nha Trang und dem Mekong-Delta tropisch freundlich. So liegt es nahe, sich ein paar Tage am Strand auf die faule Haut zu legen, etwa in Mui Ne bei Phan Thiet. Dies ist auch sinnvoll, denn einmal in Ho-Chi-Minh-Stadt angelangt, dieser chaotisch-quirligen Megacity im tiefen Süden, zehren Klima, Verkehr und Menschenmassen ganz schön an den Kräften. Kühlere Gemüter können nach Da Lat ins Zentrale Hochland ausweichen.

Nicht fehlen sollte ein Ausflug ins **Mekong-Delta**. Dieses gewaltige Labyrinth aus Flussarmen und Kanälen kann man problemlos über

Das fruchtbare, weit verzweigte Mekong-Delta im Süden des Landes

mehrere Tage auf Bootsfahrten erkunden. Gute Ausgangspunkte sind My Tho, Vinh Long, Can Tho und Chau Doc. Nur eine Flugstunde von Ho-Chi-Minh-Stadt entfernt bietet sich die Insel Phu Quoc zum abschließenden Nichtstun an.

Badespaß das ganze Jahr

Urlaub unter Palmen ist in Vietnam ein ganzjähriges Vergnügen. Zwischen November und März herrschen hervorragende Badeverhältnisse im südlichen Landesteil. Touristisch erschlossene Strände gibt es rund um Nha Trang, auf der Halbinsel Mui Ne bei Phan Thiet und auf der Insel Phu Quoc im Golf von Thailand. Nha Trang beglückt seine Besucher mit 300 Sonnentagen und ist das Richtige für Wassersportler und Partygänger. Es gibt Hotels in allen Preisklassen, die jedoch mehrheitlich nicht direkt am Strand liegen. Auf der Halbinsel Mui Ne reihen sich unzählige Resorts entlang eines schmalen Strandes. Es gibt gute Wassersportmöglichkeiten. Phu Quoc besitzt einige der schönsten Strände des Landes und soll zum zweiten Phuket ausgebaut werden. Von April bis Oktober bietet sich der gesamte Küstenverlauf im Norden und Zentrum zum Baden an. Ob Ha-Long-Bucht, Cat Ba, Dong Hoi, China Beach bei Da Nang, Cua Dai bei Hoi An oder Qui Nhon – überall erwarten Sie schöne Strände, gute Hotels und angenehme Wassertemperaturen. An der Küste zwischen Da Nang und Hoi An wird kräftig gebaut, allerdings vorwiegend im hochpreisigen Segment. Der goldgelbe, aber palmenarme Strand ist schön und breit. Bei Qui Nhon locken einige lauschige Buchten, die Hotelauswahl ist hier jedoch begrenzt.

Die schönsten Touren

Höhepunkte Vietnams in zwei Wochen

1 Hanoi › Ha-Long-Bucht › Hue › Da Nang › Hoi An › My Son › Nha Trang › Saigon › Can Tho › Saigon

Distanzen:

Hanoi › Ha-Long-Bucht ca. 4 Std. per Bus; **Hanoi › Hue** 1 Std. Flugzeit; **Hue › Hoi An** ca. 4 Std. per Mietwagen mit Fahrer; **Da Nang › Nha Trang** 60 Min. Flugzeit; **Nha Trang › Saigon** ca. 8 Std. per Open-Tour-Bus oder Nachtzug; **Saigon › Can Tho** 3–4 Std. per Mietwagen mit Fahrer

Verkehrsmittel:

Lokale Reisebüros und Hotels vermitteln auch kurzfristig Mietwagen mit Fahrer; Organisation der Bootstour durch die Ha-Long-Bucht oder das Mekong-Delta bei einem erfahrenen lokalen Veranstalter › S. 67 und 110; Open-Tour-Busse (› S. 17) verkehren auf den Hauptrouten (Hue–Hoi An–Qui Nhon–Nha Trang–Saigon); Flüge zwischen Hanoi und Hue sowie Da Nang und Nha Trang gibt es mehrmals tgl. (Buchung mind. 1 Woche vorab empfohlen); einige Zugverbindungen tgl. von Nha Trang nach Saigon.

Zur Einstimmung auf Vietnam können Sie nach Ihrer Ankunft in ****Hanoi** › S. 51 durch die Altstadt bummeln und in einem der vielen Cafés einkehren. Der zweite Tag steht ganz im Zeichen der tausendjährigen Stadtgeschichte. Zu den Höhepunkten zählen sicherlich das Ho-Chi-Minh-Mausoleum, der Hoan-Kiem-See und der Literaturtempel. Auch das abendliche Wasserpuppentheater sollten Sie nicht verpassen.

Weiter geht es am dritten Tag zur *****Ha-Long-Bucht** › S. 65 mit ihren Hunderten von Karstinseln. Am besten buchen Sie eine Bootstour mit Übernachtung an Bord, denn dann können Sie diese weltberühmte Traumlandschaft noch intensiver genießen. Nach Ihrer Bootslandung am späten Vormittag beginnt von Ha-Long-Stadt aus die Rückreise nach Hanoi. Sie können einen Umweg über die Hafenstadt **Hai Phong** › S. 67 mit ihrem kolonialen Flair machen oder unterwegs die buddhistische ****But-Thap-Pagode** › S. 64 besuchen.

Das Flugzeug bringt Sie am fünften Tag nach ***Hue › S. 79. In der Heimat der letzten Monarchen sind die Stunden schnell mit einer Bootstour auf dem Parfumfluss, der Besichtigung der Mausoleen und der Zitadelle ausgefüllt. Die Fahrt am nächsten Tag über den *Wolkenpass › S. 87 und die zentralvietnamesische Wirtschaftsmetropole Da Nang › S. 87 nach ***Hoi An › S. 89 zählt zu den landschaftlich schönsten des Landes. Es bleibt noch genügend Zeit für einen ausgedehnten Bummel durch die einstige Hafenstadt. Dabei können Sie nicht nur ein intaktes Bau-Ensemble mit alten Kaufmanns- und Versammlungshäusern bestaunen, sondern sich angesichts der vielen Geschäfte auch ganz dem Shoppingvergnügen hingeben. Starten Sie mit Ihrem Mietwagen früh am siebten Tag zur Cham-Ruinenstätte ***My Son › S. 92, die etwa eine Autostunde von Hoi An entfernt liegt. Denn so bleibt Ihnen noch der ganze Nachmittag für Hoi An. Tipp: ein Bad im nahen Meer oder eine Bootsfahrt auf dem Thu-Bon-Fluss.

Khai-Dinh-Grab, Hue

Vom Flughafen in Da Nang fliegen Sie am achten Tag nach **Nha Trang › S. 117, das sich zum internationalen Seebad mausert. Nachmittags empfiehlt sich dort eine Bootstour durch die bildschöne Bucht und der Besuch des Cham-Heiligtums Po Nagar. Wie wäre es, den folgenden Tag einfach mal am Strand zu faulenzen?

Gut erholt ist die 450 km lange, zuweilen monotone Strecke nach Saigon – per Open-Tour-Bus oder Zug – problemlos zu schaffen. Als architektonisches Highlight lockt bei Phan Rang-Thap Cham der Tempel *Po Klong Garai › S. 116. In der südvietnamesischen Megacity **Ho-Chi-Minh-Stadt › S. 102 angelangt, wird es Ihnen angesichts der vielen Einkaufs- und Besichtigungsmöglichkeiten sicherlich nicht langweilig. Falls es Ihnen zu hektisch ist: Ein Tripp zu den **Tunneln von Cu Chi › S. 112 ist an einem halben Tag zu schaffen. Der zweitägige Ausflug ins Mekong-Delta › S. 124 lohnt allein schon wegen der vielfältigen Bootstouren. **Can Tho › S. 129 bietet sich mit einer guten Hotelauswahl für die Übernachtung an. Zudem gibt es in der Nähe einige schwimmende Märkte.

Zurück in Saigon bleibt am letzten Tag vor Ihrer Rückreise noch genügend Zeit zum Shoppen und Besichtigen.

Drei Wochen Vietnam für Entdecker

② Hanoi › Dien Bien Phu › Sa Pa › Hanoi › Ha-Long-Bucht › Ninh Binh (Trockene Ha-Long-Bucht) › Hue › Da Nang › Hoi An › Qui Nhon › Nha Trang › Da Lat › Saigon › My Tho › Saigon

Distanzen:

Hanoi › Dien Bien Phu 1 Std. per Flugzeug; **Dien Bien Phu › Sa Pa** über 10 Std. per Mietwagen mit Fahrer; **Sa Pa › Lao Cai** 2 Std. per Bus; **Lao Cai › Hanoi** ca. 10 Std. per Zug; **Hanoi › Ha-Long-Bucht** 4 Std. per Bus oder Mietwagen mit Fahrer; **Ha Long › Ninh Binh** ca. 4 Std. per Mietwagen mit Fahrer; **Ninh Binh › Hue** per Nachtzug ca. 13 Std.; **Hue › Da Nang › Hoi An** ca. 4 Std. per Mietwagen mit Fahrer; **Hoi An › Qui Nhon** ca. 6 Std. per Open-Tour-Bus; **Qui Nhon › Nha Trang** 4 Std. per Open-Tour-Bus; **Nha Trang › Da Lat** ca. 6 Std. per Mietwagen mit Fahrer; **Da Lat › Saigon** ca. 7 Std. per Mietwagen mit Fahrer; **Saigon › My Tho** 2 Std. per Mietwagen mit Fahrer.

Verkehrsmittel:

Mietwagen mit Fahrer können kurzfristig über lokale Reisebüros und Hotels gebucht werden; Organisation der Bootstour durch die Ha-Long-Bucht bei einem erfahrenen lokalen Veranstalter › S. 67; die sehr preiswerten Open-Tour-Busse (› S. 17) verkehren auf den Hauptrouten (Hue–Hoi An–Qui Nhon–Nha Trang–Saigon); Flüge zwischen Hanoi und Dien Bien Phu gibt es mehrmals täglich (Buchung mind. eine Woche vorab empfohlen); Nachtzüge von Ninh Binh nach Hue (bereits in Hanoi buchen).

Nach zwei ausgefüllten Tagen in ****Hanoi** › S. 51 fliegen Sie gen Nordwesten nach ***Dien Bien Phu** › S. 72, um dort die Relikte der großen Schlacht von 1954 zu besichtigen. Eine kurvenreiche, aber landschaftlich wunderschöne Ganztagesfahrt führt am vierten Tag durch die Bergwelt ins über 300 km entfernte ****Sa Pa** › S. 73 (früh starten!). Rund um den einstigen Luftkurort der Franzosen locken zahlreiche Wanderungen zu den Dörfern der Minderheiten.

Vom nahen Grenzort Lao Cai nehmen Sie am sechsten Tag den Zug zurück nach Hanoi, um nach einer Übernachtung weiter ans Meer zur *****Ha-Long-Bucht** › S. 65 zu reisen. Dort können Sie eine zweitägige Bootstour unternehmen, um die fantastische Inselwelt besonders intensiv zu erleben.

Zurück an Land fahren Sie am neunten Tag von Ha-Long-Stadt nach **Ninh Binh** › S. 68 im Herzen des Roten-Fluss-Deltas. Die eher gesichtslose Stadt ist Ausgangspunkt für einen Besuch der **Trockenen Ha-Long-Bucht** › S. 69. Per Ruderboot gleiten Sie vorbei an grünen Reisfeldern und bizarren Karstbergen zu den drei Höhlen von Tam Coc.

Der Nachtzug bringt Sie von Ninh Binh gen Süden nach *****Hue** › S. 79, das Sie am späten Vormittag des zehnten Tages erreichen. Hier haben Sie in eineinhalb Tagen genug Zeit für die Relikte der letzten Könige.

Über den ***Wolkenpass** › S. 87 geht es am zwölften Tag zunächst nach **Da Nang** › S. 87, um das **Cham-Museum zu besuchen, und dann weiter nach *****Hoi An** › S. 89. Der einstige Welthafen – heute UNESCO-Welterbe – lockt mit alten Kaufmannshäusern, bunten Tempeln und überquellenden Geschäften. Als Ziel eines Halbtagsausflugs bietet sich die Cham-Ruinenstätte *****My Son** › S. 92 an.

Reisterrassen im Bergland

Schon der attraktiven Küstenlandschaft wegen lohnt sich die 250 km lange Fahrt von Hoi An nach **Qui Nhon** › S. 95. In der Nähe von Quang Ngai, etwa 100 km südlich von Hoi An, liegt das Dorf **My Lai** › S. 94, Schauplatz eines der schlimmsten Massaker während des Vietnamkrieges, mit einer bemerkenswerten Gedenkstätte. In Qui Nhon können Sie einen Badetag einlegen, bevor es am 16. Tag weiter ins quirlige, etwa 240 km entfernte Seebad ****Nha Trang** › S. 117 geht. Dort bietet sich der Nachmittag für Besichtigungen und eine Bootsfahrt durch die Bucht an.

Ein Kulissenwechsel erwartet Sie während Ihrer 210 km langen Fahrt von der Küste ins bergige Hochland nach ****Da Lat** › S. 120. Die fruchtbare Landschaft rund um den 1500 m hoch gelegenen Ferienort können Sie bei Ausflügen am folgenden Tag erleben.

Ebenfalls landschaftlich sehr reizvoll ist die Tagesfahrt entlang der Nationalstraße 20 nach ****Saigon** › S. 102 – vorbei an Kaffee-, Tee- und Kautschukplantagen. Sie haben zwei Tage Zeit, um die südvietnamesische Metropole kennenzulernen. Wer schon nach einem Tag keine Lust mehr auf Großstadt hat, sollte zum Abschluss einen Tagesausflug ins Mekong-Delta nach **My Tho** › S. 127 unternehmen, bevor es nach drei abwechslungsreichen Wochen wieder heimwärts geht.

Touren in den Regionen

Touren	Region	Dauer	Seite
Ins Herz des Roten-Fluss-Deltas	Norden	5 Tage	48
Ins nordwestliche Bergland	Norden	4–7 Tage	50
Über den Wolkenpass	Zentral-Vietnam	1 Tag	75
Die Küste entlang	Zentral-Vietnam	1 Tag	76
Durch das fruchtbare Hochland	Süden	3–4 Tage	99
Südliche Küstenimpressionen	Süden	1 Tag	101
Durch lebendige Flusslandschaften	Mekong-Delta	4 Tage	126
An den Golf von Thailand	Mekong-Delta	4 Tage	126

Klima und Reisezeit

Da das Wetter je nach Region und Jahreszeit sehr unterschiedlich ist, kann kein Monat als beste Reisezeit für ganz Vietnam empfohlen werden. Das Land liegt unter dem Einflussbereich von zwei Monsunen: dem **Südwestmonsun** (Mai–Okt.) und dem **Nordostmonsun** (Okt. bis April). Zudem teilt sich Vietnam am Wolkenpass bei Da Nang in einen subtropischen Bereich im Norden und einen tropischen im Süden.

Der Monsun beschert heftige Regenfälle

Im **Norden** kann die Quecksilbersäule zwischen Juni und August bei hoher Luftfeuchtigkeit auf über 35°C steigen, während sie in klaren Nächten im Dezember und Januar oft um 10°C, in den Bergen sogar um den Gefrierpunkt liegt. Regenschauer sind das ganze Jahr über möglich, von Juli bis September sind auch Taifune nicht selten. Unangenehm sind die frischen, oft tagelang anhaltenden Nieselregen im Februar und März. Die besten Reisemonate in dieser Region sind der Oktober und der November.

Zentral-Vietnam gliedert sich klimatisch in die nördliche und die südliche Küstenregion sowie das Zentrale Hochland. Im nördlichen Küstenbereich fallen von August bis Januar ausgiebige Niederschläge. Im November und Dezember fegen zudem regelmäßig Taifune über den schmalen Landstrich. Die trockensten Monate sind Mai bis August, was auch für den südlichen Küstenabschnitt gilt. Dort bringt der Nordostmonsun zwischen Oktober und Januar zuweilen heftige Niederschläge. Auch Taifune können sich hierher verirren. Am angenehmsten ist das erste Quartal.

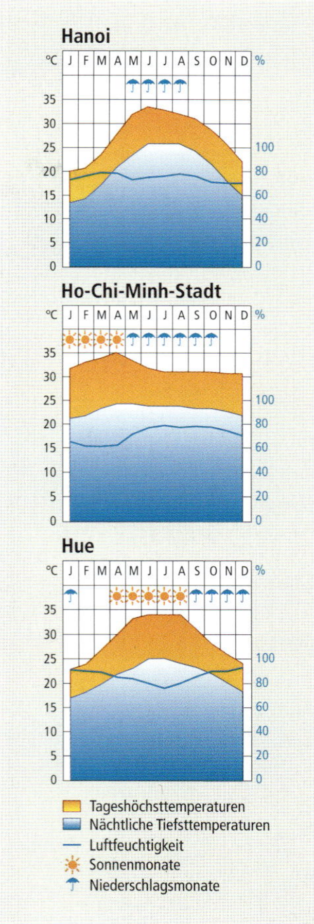

Das Wetter im **Zentralen Hochland** zeigt sich recht launisch. Ausläufer des Südwest- und des Nordostmonsuns können fast das ganze Jahr über Regenfälle bringen. Die trockenste Zeit dauert von Dezember bis März. Im 1500 m hohen Da Lat liegen die Temperaturen im Jahresdurchschnitt um 18°C, in anderen Orten sind sie je nach Lage höher oder niedriger.

Im stets heißen **Süden** klettert das Thermometer von Januar bis in den April hinein täglich auf Werte weit über 30°C. Anfangs ist die Luftfeuchtigkeit noch nicht so hoch, doch im April und Mai erreicht sie schweißtreibende 90%. Der Südwestmonsun ab Mai äußert sich in täglichen kurzen Schauern, die man als wohltuende Abkühlung empfindet. Am freundlichsten sind die trockenen Monate Dezember bis März.

!! Reservieren Sie früh, denn der anhaltende Touristenboom führt in der Hochsaison zwischen November und Februar bei Transport und Unterkünften zeitweise zu extremen Engpässen. Mit ausgebuchten Flügen und Hotels müssen Sie an den Weihnachtsfeiertagen, während des vietnamesischen Neujahrsfestes Tet im Januar/Februar, aber auch rund um die beiden staatlichen Feiertage am 30. April und 1. Mai rechnen.

Anreise

Vietnam Airlines (www.vietnamairlines.com) unterhält Direktflüge von Frankfurt nach Hanoi und Ho-Chi-Minh-Stadt. Täglich mehrere Verbindungen bieten Singapore Airlines und Thai Airways mit Zwischenstopp in Singapore bzw. Bangkok. Von letztgenannten Metropolen können Sie auch nach Da Nang fliegen. Die Billigfluglinie Air Asia (www.airasia.com) verbindet täglich Bangkok bzw. Kuala Lumpur mit Hanoi, während Tiger Airways (www.tigerairways.com) von Singapore aus Hanoi und Ho-Chi-Minh-Stadt ansteuert.

Mit dem Zug können Sie von Hanoi ins chinesische Nanning, Hauptstadt von Guangxi, und in Kombination mit einem Bus nach Kunming, Hauptstadt der Provinz Yunnan, fahren. Es existieren mehrere Grenzübergänge nach Laos und Kambodscha. So können Sie mit dem Bus von Ho-Chi-Minh-Stadt über Moc Bai (7 Std.) oder mit dem Boot von Chau Doc über Vinh Xuong (5 Std.) nach Phnom Penh weiterreisen.

Reisen im Land

Mit dem Flugzeug

Die Flugverbindungen sind gut. Vietnam Airlines verfügt über ein dichtes Streckennetz und fliegt mit modernen Maschinen viele Inlandsziele an. Einziger Konkurrent ist derzeit die Billigfluglinie Jetstar Pacific (www.jetstar.com) mit einem stetig wachsenden Flugangebot.

Vietnam Airlines startet zudem zu weiteren Touristenattraktionen in der Region, beispielsweise von Ho Chi Minh City nach Phnom Penh und Siem Reap (für den Besuch von Angkor) sowie von Hanoi in die laotische Welterbestadt Luang Prabang und nach Yangon (Myanmar).

Mit der Eisenbahn

Auf der Schmalspurstrecke zuckelt der Wiedervereinigungs-Express sechsmal täglich zwischen Hanoi und dem 1726 km entfernten Saigon (Fahrtdauer mindestens 32 Std.). Es empfiehlt sich, im *soft sleeper* der ersten Klasse zu reisen und rechtzeitig zu buchen.

Die landschaftlich schönste Bahnstrecke verläuft allerdings anderswo: entlang des Roten Flusses zwischen Hanoi und dem Grenzort zu China, Lao Cai. Den Zügen werden komfortable Schlaf- und Speisewagen angehängt, etwa von Victoria Express Train (www.victoriahotels-asia.com).

Die langsamen Züge lassen die Zeit vergessen

Mit dem Mietwagen

Bei individuellen Rundreisen hat sich ein Mietwagen mit Fahrer bewährt (Selbstfahren ist Touristen verboten). Der Preis richtet sich nach Fahrzeug (pro Tag ab 40 €) und gefahrenen Kilometern. Hinzu kommt eine Tagespauschale für den Fahrer und ggf. den Dolmetscher.

Mit dem Bus

Das öffentliche Busnetz ist zwar gut ausgebaut und günstig, aber die Busse sind nicht gerade komfortabel. Alternativ bieten zahlreiche lokale Reiseveranstalter zwischen den wichtigsten Touristenstädten Minibusse zu Festpreisen an. Sie sind preiswerter und schneller als der Zug, bisweilen halten sich die Fahrer aber für Formel-1-Piloten. Bei Individualtouristen erfreuen sich die sog. Open-Tour-Busse großer Beliebtheit: Zu bestimmten Zeiten verkehren Reisebusse auf festgelegten Strecken, u.a. auf der Route Hanoi–Ninh Binh–Dong Hoi–Hue–Hoi An–Nha Trang–Da Lat–Saigon bzw. Nha Trang–Mui Ne–Saigon. Buchung einer Teil- oder der Gesamtstrecke über die zahlreichen lokalen Reisebüros. Einen guten Ruf genießen die Veranstalter Sinh Café und Kim Café.

Nahverkehr

In den großen Städten gibt es zahllose Taxis mit Taxameter, die vor den internationalen Hotels warten oder herangewunken werden können. Die typischen *cyclos*, Fahrradrikschas, werden seltener, immer beliebter hingegen die Moped-Taxis *(Honda om)*, die allerdings keine offizielle Lizenz haben. Der Preis ist Verhandlungssache, die Helmpflicht nicht. Hanoi und Saigon verfügen auch über ein öffentliches Busnetz.

Special

Mit Kindern unterwegs

Wenn Sie den richtigen Mix von Kultur, Natur und Strand wählen, werden Ihre Kinder in Vietnam viel Spaß haben. Doch können lange Fahrten, das Gedränge in den staubigen Städten und der dichte Verkehr Kindern auf die Laune schlagen. Einige feste Standorte, genügend Ruhepausen und ein bedächtigeres Reisen haben sich bewährt.

Vorbereitung

Kinder müssen bis zur Vollendung des 12. Lebensjahres mit ihrem Kinderreisepass, danach mit eigenem Pass ein Visum beantragen. Vor der Abreise sollten sie medizinisch untersucht und frühzeitig geimpft werden (www.fit-for-travel.de). Bei der Malariaprophylaxe ist zu berücksichtigen, dass die Dosierung auf Alter und Gewicht des Kindes abgestimmt ist (Arzt konsultieren!). In Vietnam unbedingt auf saubere Nahrung und eine hygienische Umgebung achten sowie den Kontakt mit Tieren meiden. Kinder nur in Ausnahmefällen barfuß gehen lassen. Windeln, Babynahrung und Wechselwäsche für 1–2 Tage gehören ins Handgepäck. Zur Eingewöhnung (Essen, Jetlag) empfiehlt sich für die ersten Tage ein Hotel mit Pool und etwas Grünfläche zum Austoben.

Das gefällt Kindern

- Wasserpuppentheater in Hanoi › S. 55
- Ausflug aufs Land
- Bootsfahrten im Mekong-Delta › S. 130
- Kajakfahren in der Ha-Long-Bucht › S. 66
- Wasserparks, z.B. Saigon Water Park oder Ho Tay Lake Water Park › S. 62
- Palmen, Strand und Meer

Sport und Aktivitäten

Fahrradtouren

Vietnam lässt sich wunderbar mit dem Fahrrad *(xe dap)* erkunden. Einige internationale Veranstalter bieten sogar geführte Radtouren an. Mancherorts verleihen Gästehäuser oder Reisebüros Zweiräder für kleine Rundfahrten. Planen Sie mehrtägige Touren, sollten Sie ihr eigenes Gefährt samt Ersatzteilen mitnehmen. Alternativ können Sie vor Ort günstige und durchaus akzeptable Mountainbikes (*xe dap leo nui*) kaufen. Schöne Ausflüge bieten sich in der Trockenen Ha-Long-Bucht bei Ninh Binh, rund um Hoi An und Hue oder im Mekong-Delta an.

Golf

Das Golfspiel ist wie in ganz Asien auch in Vietnam sehr populär. Internationalen Standard bieten der Da Lat Palace Golf Club in Da Lat und der Ocean Dunes Golf Club bei Phan Thiet (www.oceandunesgolf.vn). Von Ho-Chi-Minh-Stadt ist der Vietnam Golf & Country Club (vietnam golfcc.com) nicht weit, und in der Nähe von Hanoi lockt der Kings' Island Golf (www.kingsisland golf.com). Näheres über diese und weitere Plätze unter www.hochiminh golftrail.com. Gastspieler sind willkommen, Ausrüstung und Caddies werden gegen Gebühr verliehen.

Wandern

Von der kleinen Dschungelwanderung bis zur anspruchsvollen Trekkingtour ist vieles möglich. Die gut erschlossenen Nationalparks wie Cuc Phuong, Bach Ma oder Cat Ba verfügen über markierte Wanderwege. Optimale Ausgangspunkte für Bergwanderungen sind Sa Pa und Mai Chau. Eine passende Ausrüstung ist unbedingt erforderlich (besser mitbringen), bei längeren Touren auch ein Führer. Während mehrtägiger Touren übernachtet man meist in den einfachen Hütten der Einheimischen.

Echt gut!

Wanderlust

- Die Bergwelt im Nordwesten eignet sich für Trekkingtouren besonders gut, etwa die Umgebung von **Mai Chau** mit einigen Dörfern der Minderheiten › S. 72.
- **Sa Pa** ist dank eines vielfältigen Angebots ein wahres Eldorado für Abenteuertouristen. Mit guter Kondition können Sie dort sogar den höchsten Berg Vietnams erklimmen › S. 73.
- Im **Cuc-Phuong-Nationalpark** führen markierte Pfade durch den intakten Regenwald mit einigen uralten Baumriesen › S. 71.
- Auch der Nationalpark auf der größten Insel des **Cat-Ba-Archipels** bietet vielfältige Wandermöglichkeiten › S. 68.

Wassersport

Tauchen, Schnorcheln, Surfen – alles kein Problem. Am China Beach › S. 88 südlich von Da Nang und in Mui Ne › S. 116 bestehen gute Bedingungen für Wellenreiten und Windsurfen. Vietnamesische Tauchreviere mögen nicht das Niveau der Malediven haben, aber die fischreiche Unterwasserwelt ist allemal einen Blick durch die Taucherbrille wert. Zu den besten Gebieten zählen die Cham-Insel › S. 94 bei Hoi An, Hon Ong (Whale Island) in der Ben-Goi-Bucht, 80 km nördlich von Nha Trang, die Bucht von Nha Trang › S. 120, die Insel Phu Quoc › S. 134 und der Con-Son-Archipel. Nähere Infos unter: www.divevietnam.com. Nützliche Erkenntnisse bietet das Infonetz www.taucher.net.

Wellness

Kaum ein größeres Resort wirbt nicht mit seinem »Spa« – Heilbädern im engeren, Wellnesseinrichtungen im weiteren Sinne. Viele verdienen jedoch diesen Namen nicht. Einen guten Ruf haben die Hotelketten Six Senses Resort and Spas (www.sixsenses.com) und Life Resorts (www.life-resorts.com), die mehrere Häuser in Vietnam unterhalten. Zu den etablierten Anbietern zählen zudem Qi (www.qispa.com.vn) und Zen Spa (www.zenspa.com.vn). Allerdings sind die vielfältigen Massage- und Beauty-Anwendungen nicht billig.

Unterkunft

Die Palette reicht von einfach bis luxuriös, von Öko bis Boutique, von lokal bis international, von kolonial bis modern. Entsprechend unterschiedlich wird der Geldbeutel strapaziert: von der Bretterbude für 3 $ pro Nacht bis zur Suite im vierstelligen Bereich. Einfache Gästehäuser und Minihotels verlangen 5 bis 20 $ pro Zimmer und die Mittelklassehotels für ihre Standard-, Superior- und Deluxe-Räume etwa 25 bis 50 $. Die Übernachtungspreise in gehobenen Hotels liegen je nach Lage bei 60 bis 120 $, während in den Tophotels und Luxusresorts nach oben keine Grenzen gesetzt sind. Gehobene Unterkünfte addieren 10% Mehrwertsteuer (VAT) und 5% Service-Gebühr (SC) auf die Rechnung. Die in Vietnam offiziell vergebene Sternekategorie ist nicht identisch mit dem internationalen System.

Internationale Hotelketten wie Hilton, Hyatt, Meliá oder Sheraton sind gut vertreten. Doch auch einheimische und regionale Gruppen besitzen attraktive Häuser, etwa Victoria Hotels mit Unterkünften im lokalen Stil (www.victoriahotels-asia.com) oder Life Resorts (www.life-resorts.com) und Six Senses (www.sixsenses.com) mit Schwerpunkt auf

Das Six Senses Hideaway in der Ninh-Van-Bucht

Wellness. Zudem existieren einige altehrwürdige Kolonialhotels: das legendäre Sofitel Metropole in Hanoi, das Saigon Morin und La Résidence in Hue, der Sofitel Dalat Palace in Da Lat und das Majestic in Ho-Chi-Minh-Stadt.

!! Für An- und Abreisetag sowie bei Hotels der gehobenen Preisklasse empfiehlt sich eine rechtzeitige Buchung über das Internet, eine vietnamesische Reiseagentur oder einen heimischen Veranstalter (oft mit Flugkombination interessant). In Hanoi und Ho-Chi-Minh-Stadt herrscht Hotelknappheit, daher sollten Sie sehr früh buchen. Bei Gästehäusern und Minihotels reicht es im Allgemeinen, wenn Sie sich 1 bis 2 Tage zuvor nach freien Zimmern erkundigen.

Beim Einchecken muss der Reisepass vorgezeigt werden. Buchungen von Unterkünften sind im Internet möglich, z.B. unter www.asiarooms.com oder www.worldhotel-link.com.

Echt gut!

Wohnen im Grünen

- Vier Autostunden südwestlich von Hanoi bietet die **Mai Chau Lodge** schlichten Komfort inmitten der wunderbaren Berglandschaft um Mai Chau › S. 72.
- Im komfortablen **Life Wellness Resort** in **Qui Nhon** können Sie die Ruhe am Meer genießen und sich im Spa verwöhnen lassen › S. 95.
- Die umweltfreundlich geführte **Topas Eco-Lodge** liegt etwa 15 km von Sa Pa entfernt und eröffnet ein traumhaftes Bergpanorama › S. 73.
- Entspannung und Erholung mit allem Komfort hat sich das **Six Senses Hideaway Ninh Van Bay** auf die Fahnen geschrieben. Das Edel-Resort liegt auf einer Halbinsel nordöstlich von Nha Trang › S. 119.
- Großstadtmüde finden im **Ho Tram Beach Resort & Spa** ein wunderbares Refugium direkt am Meer, nur drei Autostunden von Ho-Chi-Minh-Stadt entfernt › S. 114.

KH0084
PHI
PHI

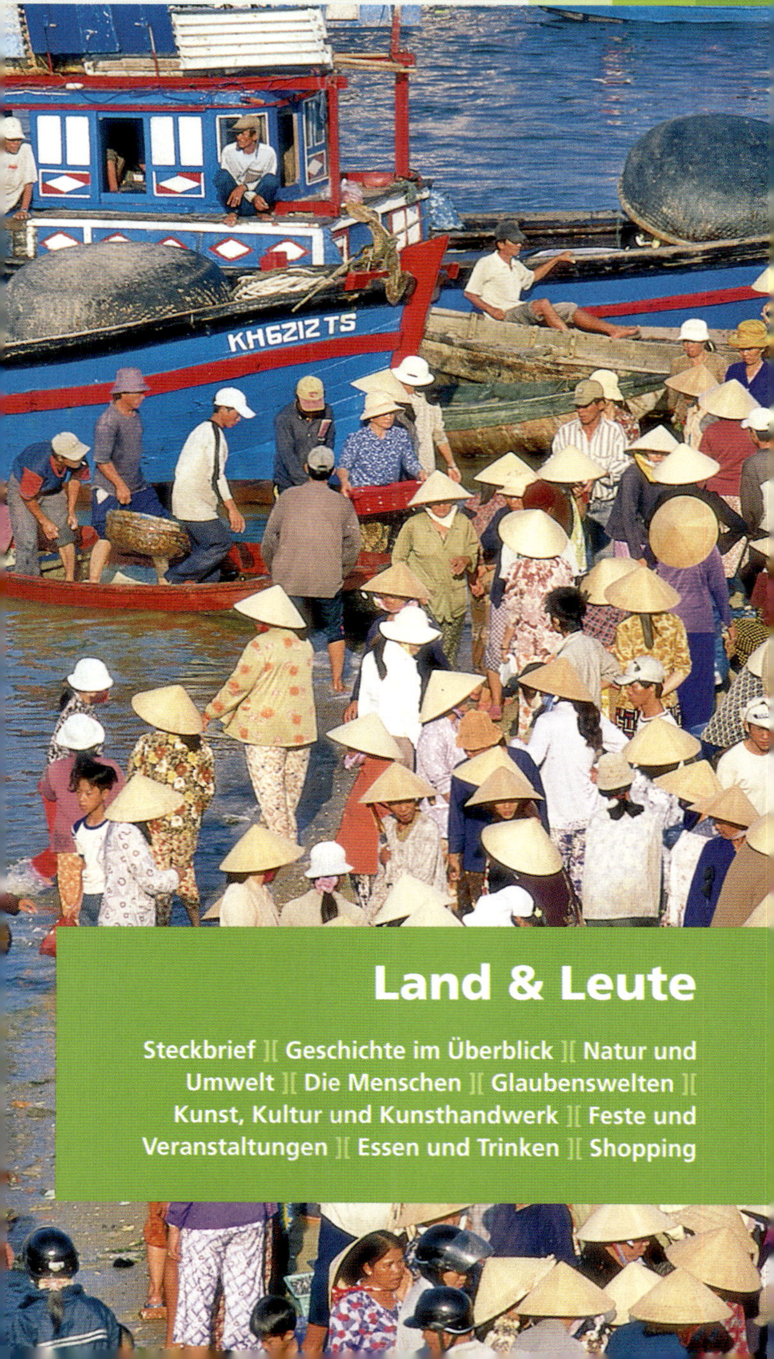

Land & Leute

Steckbrief
Vietnam

Einwohner: 87 Mio.
Bevölkerungswachstum/Jahr: 1,2%
Stadt/Landbevölkerung: 30% / 70%
Landesvorwahl: 0084
Währung: Vietnamesischer Dong
Zeitzone: MEZ + 6 Std. (MESZ + 5 Std.)

Fläche: 331 688 km^2 (einschließlich der umstrittenen Paracel- und Spratley-Archipele)
Hauptstadt: Hanoi
Amtssprache: Vietnamesisch
Lebenserwartung: Frauen 76, Männer 72 Jahre
Analphabetenrate: Frauen 8%, Männer 4%

Lage

Vietnam erstreckt sich über 1700 km von Nord nach Süd und zwischen 50 und 600 km von West nach Ost. Das wie ein S geformte Land bildet den Abschluss des kontinentalen Südostasien. Im Norden grenzt es an China, im Westen an Laos und Kambodscha, im Osten und Süden ans Südchinesische Meer und im Südwesten an den Golf von Thailand.

Politik und Verwaltung

In der Sozialistischen Republik Vietnam (SRV) ist die Kommunistische Partei als einzige politische Kraft zugelassen. Sie wählt alle fünf Jahre auf ihrem Nationalkongress ein Zentralkomitee, aus dem wiederum das Politbüro bestimmt wird. Als höchste politische Instanz und Legislative dient die ebenfalls alle fünf Jahre vom Volk gewählte Nationalversammlung. Zweimal jährlich tritt sie zusammen, um Gesetze zu verabschieden. Zudem wählt sie im Fünf-Jahres-Zyklus neben dem Ministerrat den Staatspräsidenten. Das Land ist in 59 Provinzen und fünf zentral verwaltete Städte (Hanoi, Ho-Chi-Minh-Stadt, Hai Phong, Da Nang, Can Tho) untergliedert.

Wirtschaft

Seit 1986 auf dem Sechsten Parteitag die Sozialistische Marktwirtschaft beschlossen wurde, entwickelt sich das Land in atemberaubender Geschwindigkeit zu einer modernen Wirtschaftsnation. Die Ökonomie boomt und erreicht seit vielen Jahren ein jährliches Wachstum von 7–8%. Die Kehrseite sind vermehrte Korruption, ein zunehmendes Stadt-Land-Gefälle und starke soziale Spannungen. Zudem machen die hohen Energie- und Lebensmittelpreise vor allem den Armen zu schaffen. Noch immer lebt jeder sechste Vietnamese am Rande des Existenzminimums.

Neben Rohöl zählen Textilien und Schuhe sowie Elektroteile und Meeresfrüchte zu den wichtigsten Exportgütern. In der Reis- und Kaffeeausfuhr steht das Land weltweit an zweiter Stelle, im Export von Pfeffer und Kautschuk an erster bzw. vierter Stelle. Hauptabnehmerstaaten sind die USA, Japan und die EU. Auch der Tourismus verzeichnet enorme Zuwachsraten. 2010 reisten weit über vier Millionen Besucher ins Land.

Trotz jährlich steigender Exporterlöse herrscht ein deutliches Außenhandelsdefizit aufgrund des enormen Bedarfs der Vietnamesen an ausländischen Konsumgütern – allen voran Fahrzeuge und Unterhaltungselektronik. China ist vor Taiwan und Singapore der mit Abstand wichtigste Importpartner des Landes.

Sprache und Schrift

Vietnamesisch wird zusammen mit der Sprache der Muong-Minderheit als eigenständige Gruppe betrachtet. Viele Grundwörter entstammen dem Chinesischen, modernere Begriffe auch dem Französischen – etwa *ga* (Bahnhof) von *la gare*. Sechs Tonhöhen definieren die einsilbigen Grundwörter. In der Schrift sind sie durch Zeichen über oder unter den Vokalen markiert. Erst dann wird erkennbar, ob mit dem Wort *ma* ein böser Geist, ein Pferd oder die Mutter gemeint ist. Durch die Aneinanderreihung einzelner Silben, die in der Regel jede für sich eine Bedeutung tragen, entstehen neue Begriffe. So wird aus *nha* (Haus) und *ve sinh* (Sauberkeit) die Toilette, *nha ve sinh*. Aus Fremdsprachen übernommene Begriffe folgen der Lautung, etwa bei *ca phe* (Kaffee) oder *bia* (Bier). Vorangestellte Klassifikatoren wie *cai* für Dinge oder *con* für Tiere lassen erkennen, ob man z.B. das lebende Huhn *(con gai)* oder das Hühnerfleisch *(thit gai)* meint.

Bis ins 19. Jh. war bei Gebildeten das chinesische Schriftzeichensystem *(chu nho)* verbreitet. In dessen Ableitung entstand im 13. Jh. eine vietnamesische Variante *(chu nom)*, die sich jedoch im Volk nie durchsetzte. Die heutige nationale Schrift *(quoc ngu)* geht auf den französischen Jesuiten Alexandre de Rhodes aus dem 17. Jh. zurück und basiert auf dem lateinischen Buchstabensystem, erweitert um zahlreiche diakritische Zeichen.

Geschichte im Überblick

3. Jh. v. Chr. Es entsteht der erste historisch nachweisbare Staatenverbund Au Lac. Hauptstadt ist Co Loa.

111 v. Chr. beginnt mit der Eroberung des Roten-Fluss-Deltas die tausendjährige Besatzung durch China.

938 erringt General Ngo Quyen auf dem Bach-Dang-Fluss mit einer Entscheidungsschlacht die Unabhängigkeit. Als er 944 stirbt, brechen Streitigkeiten zwischen Generälen und Fürsten aus. Dinh Bo Linh ruft sich 968 zum König aus, gründet das Reich Dai Co Viet und verlegt die Hauptstadt nach Hoa Lu.

1009 gründet Ly Thai To die erste stabile Dynastie und verlegt die Hauptstadt nach Thang Long (Hanoi). Die neun Ly-Könige fördern den Buddhismus, bevorzugen aber ein konfuzianisches Verwaltungs- und Bildungssystem. Der Ly-Dynastie folgt ab 1225 die Tran-Dynastie.

1427 gelingt es Le Loi, die 20-jährige Besatzungszeit der Chinesen zu beenden. Die Vietnamesen dehnen ihren Machtbereich auf Kosten der Cham nach Süden aus und erobern 1471 deren letztes Reich Vijaya.

16.–17. Jh. Die mächtigen Klans der Trinh und Nguyen weiten ihre Herrschaft aus. Ihr Kampf um die Vormachtstellung führt 1673 zur Teilung des Reiches. Ende des 17. Jhs. wird auch das Mekong-Delta von den Vietnamesen besiedelt. Erste europäische Händler und Missionare fassen Fuß.

1771–1801 Im Zuge des Tay-Son-Aufstandes vertreiben drei Brüder die Trinh- und Nguyen-Fürsten. Für einige Jahre kontrollieren sie das ganze Land, bis Nguyen Anh die Rückeroberung gelingt.

1802 ruft sich Nguyen Anh in seiner Heimatstadt Phu Xuan (Hue) zum Gia-Long-König aus und etabliert die Nguyen-Dynastie.

Ab 1858 erobert eine spanisch-französische Strafexpedition die Bucht von Da Nang und bald den gesamten Süden.

1887 vereinen die Franzosen ihre Kolonien bzw. Protektorate Cochinchine (Süden), Annam (Mittelvietnam) und Tongking (Norden) zur Union Indochinoise. Zahlreiche Rebellionen werden von den Franzosen brutal niedergeschlagen.

1930 gründet Ho Chi Minh in Hongkong die Kommunistische Partei Vietnam.

1940–45 Japan besetzt das Land, duldet jedoch die französische Verwaltung. Der 1941 etablierten Liga für die Unabhängigkeit (Viet Minh) gelingt nach der japanischen Kapitulation im August 1945 die Einnahme Hanois. Ho Chi Minh ruft am 2. September die Demokratische Republik Vietnam (DRV) aus.

1946–1954 Frankreich erkennt die DRV an, will aber seine Macht nicht abgeben und landet Truppen. Der Krieg eskaliert und gipfelt in der Entscheidungsschlacht auf der Hochebene von Dien Bien Phu. Nach der Kapitulation im Mai 1954 ziehen die Franzosen ab. Das Genfer Abkommen legt den 17. Breitengrad als vorläufige Demarkationslinie fest, die schnell tatsächliche Grenze wird.

1955 kommt im Süden Ngo Dinh Diem mit Unterstützung der USA an die Macht und verweigert aus Furcht vor einem Sieg der Kommunisten die vorgesehenen Wahlen.

1960–63 Der Ende 1960 in Südvietnam gegründeten Nationalen Befreiungsfront (FNL) gelingt es, weite Landesteile zu kontrollieren. Als der Katholik Diem gegen Buddhisten vorgeht, kommt es zu Demonstrationen und Selbstverbrennungen von Mönchen. Im November 1963 wird Diem von seinem Militär ermordet.

1965 treten die USA offiziell in den Krieg ein. General Nguyen Van Thieu wird Präsident Südvietnams.

1968 Die Tet-Offensive der FNL schlägt zwar fehl, wird jedoch zur entscheidenden Kriegswende.

1969 stirbt Ho Chi Minh. Die USA und Nordvietnam treffen sich zu Geheimverhandlungen. Gleichzeitig weitet das US-Militär seine Bombardements auf Laos und Kambodscha aus.

1973 führt das Pariser Waffenstillstandsabkommen zum Abzug der US-Truppen. Die folgende Eroberung Südvietnams durch nordvietnamesische Truppen endet am 30. April 1975 mit der Einnahme Saigons.

1976 wird das Land offiziell wiedervereinigt. Doch Enteignungen und Repressalien führen in den Folgejahren zum Exodus Hunderttausender.

1979 Invasion in Kambodscha nach Massakern durch Truppen der Khmer Rouge. Deren Protektionsmacht China startet daraufhin im nördlichen Grenzgebiet einen »Straffeldzug«.

1986 Das auf dem 6. Parteitag beschlossene Reformprogramm *doi moi* führt zur schnellen Verbesserung der katastrophalen Wirtschaftslage.

1994 Mit Beendigung des Wirtschaftsembargos und der Wiederaufnahme diplomatischer Beziehungen im Folgejahr normalisiert sich das Verhältnis zu den USA.

Nach 2000 gewinnt die Wirtschaft mit jährlich über 7% Wachstum an Fahrt. Besonders im Hochland verschärfen sich die Konflikte zwischen Landbevölkerung und Regierung.

2006 Nach dem 10. Parteitag wird die Führung verjüngt. Neuer Ministerpräsident ist Nguyen Tan Dung. Ein Jahr später wird Vietnam in die Welthandelsorganisation aufgenommen.

2010 Nach Exporteinbrüchen im Vorjahr wächst die Wirtschaft wieder kräftig. Den Menschen machen die steigenden Lebenshaltungskosten zu schaffen.

Natur und Umwelt

Vietnam wird gern mit einer Tragestange verglichen, an der zwei Körbe hängen: dem schmalen Küstenstreifen als gebogene Stange und den beiden Ebenen, dem knapp 15 000 km² großen Roten-Fluss-Delta und dem 40 000 km² großen Mekong-Delta, als Körbe. Höchste Erhebung ist der 3143 m hohe Fan Si Pan bei Sa Pa. Von Norden nach Süden bilden die über 1200 km langen Annamitischen Kordilleren – vietnamesisch Truong Son (»Lange Berge«) – eine natürliche Grenze zu Laos und Kambodscha. Die Küstenlänge beträgt 3260 km, größte Insel ist Phu Quoc im Golf von Thailand.

Wegen der landschaftlichen Gegensätze sind Flora und Fauna sehr vielfältig. Über 9400 Pflanzenarten wurden bislang identifiziert, davon sind fast ein Drittel endemisch. Zehn Prozent aller weltweit bekannten Säugetiere, Vögel und Fische sind in Vietnam beheimatet, darunter 850 Vogel- und 5500 Insektenarten. Es ist gut möglich, dass Sie einigen Krabbeltieren begegnen, sehr unwahrscheinlich hingegen, dass sie den etwa 100 Wildelefanten oder gar einem Indochina-Tiger über den Weg laufen.

Noch im frühen 20. Jh. war Vietnam zu mehr als zwei Dritteln von Wald bedeckt. Durch Brandrodung, Abholzung und die großflächigen Entlaubungsaktionen während des Vietnamkriegs hat sich der Bestand auf weniger als ein Fünftel der Gesamtfläche reduziert. Wiederaufforstungsprogramme beschränken sich meist auf das Anlegen von Monokulturen. Derzeit sind 122 Schutzgebiete ausgewiesen, die etwa 7% der Landesfläche einnehmen. 25 haben den Status eines Nationalparks, darunter Cuc Phuong südlich von Hanoi, Phong-Nha-Ke-Bang bei Dong Hoi und ein Teil der Ha-Long-Bucht. Die beiden Letzteren sind UNESCO-Welterbe. Doch Bevölkerungsdruck, mangelnde Finanzierung und ein fehlendes Umweltbewusstsein lassen manch wohlgemeinte Bemühung ins Leere laufen.

Palmen in allen Lagen

Für die Vietnamesen haben Palmen viele Verwendungen. Die Arecapalme liefert ihnen die Betelnuss und die Salakpalme die Schlangenfrucht. Aus dem Saft der Palmyrapalme köcheln sie Palmzucker oder brennen Palmschnaps, aus den Blättern der Latanpalme stellen sie die konischen Hüte her und aus der Rotangpalme schöne Rattan-Möbel. Der Wedel der Nipapalme eignet sich als Dach, während die Kokospalme wohl den vielfältigsten Nutzwert hat: Sie liefert Baumaterial, Nahrung und ein köstliches Getränk.

Die Menschen

Tay, Hmong, Phu La, Garai, Bahnar – die Namen der 54 vietnamesischen Volksgruppen klingen mitunter recht exotisch. Mit ihren Traditionen und Lebensstilen machen sie das Land zu einem multikulturellen Flickenteppich. Einerseits führt die fortschreitende Entwicklung Vietnams sie langsam aus der Armut, andererseits wird ihre kulturelle Identität zunehmend von der Globalisierung bedroht. Trotz gesetzlicher Gleichstellung leiden die Minderheiten unter Diskriminierung und Dominanz durch die Viet, denen 86% der Gesamtbevölkerung angehören.

Viet

Chinesische Chronisten spotteten gern über die »barbarischen« Praktiken der Viet, etwa das Betelkauen, das Schwärzen der Zähne und Tätowierungen – Gepflogenheiten, die sie mit zahlreichen Völkern Südostasiens teilten. Andererseits haben die Viet bis heute viel mit den Chinesen gemeinsam, denn bereits in vorchristlicher Zeit vermischten sie sich in ihrem Stammland, dem Roten-Fluss-Delta, mit einwandernden Volksgruppen aus dem Land der Mitte. Vor allem aber hat die lange chinesische Besatzungszeit tiefe Spuren hinterlassen: kulturell, sprachlich und politisch.

Cham

Die Cham zählen zur austronesischen Sprachfamilie und sind matrilinear organisiert. Bereits vor über 2000 Jahren wanderten sie aus dem malaiisch-indonesischen Raum ein und siedelten entlang der zentralvietnamesischen Küste. Spätestens im 4. Jh. erhoben ihre Herrscher den Hinduismus zum Staatskult, gaben sich Sanskritnamen und ließen zu Ehren Shivas und anderer Hindugötter Tempeltürme *(kalan)* errichten. Auch der Buddhismus war verbreitet. Champa bestand vor allem aus Hafenzentren an den Flussmündungen und einem fruchtbaren Hinterland, etwa bei Da Nang, Qui Nhon, Nha Trang und Phan Rang. Die Cham lebten vom regionalen Seehandel und waren berühmt für ihren 100-Tage-Reis. Mit dem Ausbreiten der Viet gen Süden begann ab dem 11. Jh. ihr steter Niedergang. Heute leben noch etwa 130 000 Cham in Zentral- und Südvietnam. Die meisten von ihnen sind Muslime.

Chinesen

Die Vorfahren der heute über 1 Mio. Chinesen (Hoa) in Vietnam sind in mehreren Einwanderungswellen ins Land gelangt. Als der Zusammenbruch der Ming-Dynastie 1644 eine Massenflucht auslöste, durften viele Flüchtlinge auf Geheiß der Nguyen-Fürsten in den Süden Vietnams einwandern. Dort gründeten sie eigene Siedlungen wie Cholon (heute Ho-Chi-Minh-Stadt), My Tho und Can Tho. Spannungen mit China lösten jedoch immer wieder Verfolgungen, ja sogar Pogrome aus. Infolge des vietnamesisch-chinesischen Grenzkonfliktes 1979 verließen Hunderttausende Chinesen das Land. Viele kehrten zurück und profitieren heute überdurchschnittlich vom Wirtschaftsboom.

Khmer

Die 1,2 Mio. Khmer leben fast ausschließlich in Dörfern im Mekong-Delta, das zwischen dem 1. und 6. Jh. Teil des indisierten Funan-Reiches war und ab dem 9. Jh. zum riesigen Angkor-Imperium gehörte. Doch Ende des 17. Jhs. wurden sie von den einwandernden Viet immer mehr zurückgedrängt. Die Khmer sind wie ihre kambodschanischen Landsleute Anhänger des Theravada-Buddhismus und gehören ethnisch der Mon-Khmer-Familie an. Ihr kulturelles Zentrum ist Soc Trang.

Babel in den Bergen

Eine Rote Dao feilscht mit einer Grünen Hmong um die Süßkartoffeln, während nebenan eine Schwarze Thai frischen Fisch anbietet. Auf den Märkten der ethnischen Minderheiten herrscht zuweilen ein Stimmengewirr wie einst zu Babel. In manchen Provinzen siedeln über zwei Dutzend verschiedener Volksgruppen, im ganzen Land sind es offiziell 54, die jeweils einer von acht Sprachfamilien angehören. Mit 86% stellen die Viet (oder Kinh) zwar mit Abstand die Mehrheit, dafür besiedeln die Minderheiten fast zwei Drittel der Gesamtfläche – vorwiegend in den nördlichen Bergen und dem Zentralen Hochland. Manche Gruppen sind schon über 2000 Jahre in Vietnam heimisch, etwa die Cham; andere wanderten erst im 19. Jh. ein, darunter die Hmong und die Dao. Fünf Gruppen überschreiten die Millionengrenze: die Tay, die Thai, die Khmer, die Hoa und die Muong. Andere wiederum sind nicht einmal tausend Mitglieder stark, etwa die Si La, Pu Peo oder Ro Mam.

Glaubenswelten

Die Vietnamesen beten zu allem und jedem – nehmen aber alles nicht zu ernst. Sie glauben an Buddhas, Götter und Seelen und fürchten böse Geister wie der Teufel das Weihwasser. Bei Krankheit flehen sie zu daoistischen Gottheiten, beim Hausbau besänftigen sie den Erdgott, an den Totengedenktagen rufen sie die Ahnen an, und zu Großvaters Beerdigung wiederum holen sie den buddhistischen Mönch.

Ahnen und Geister

Eine Frau besitzt neun und ein Mann sieben körperbezogene Seelen *(phach* oder *via)*, dazu kommen noch drei geistbezogene Seelen *(hon)*. Die *hon* wandern 49 Tage nach dem Ableben ins Totenreich. Um sie in der Familie zu halten, errichten die Angehörigen ihnen einen Altar, wo die Seelen in der Ahnentafel Platz nehmen können. Somit bleibt der Verstorbene Teil der Familie. Man kommuniziert mit ihm und versorgt ihn mit Speisen. Geld und Gaben aus Papier werden verbrannt, um ihn wohlwollend zu stimmen.

Die ganze Welt ist voller Naturgeister, bösartiger Dämonen und hungriger Geister. Manche wohnen in Bäumen, Flüssen und Steinen, andere irren ziellos umher. Damit sie keinen Schaden anrichten, bringt man ihnen Opfergaben dar und errichtet Schreine. Jedes Dorf verehrt zudem im Gemeinschaftshaus *(dinh)* oder Gedenktempel *(den)* seinen eigenen Schutzgeist.

Konfuzianismus

Der hohe Stellenwert der Bildung, der Respekt vor den Älteren, der Vorrang der Gemeinschaft, emotionale Zurückhaltung und Verantwortungsbereitschaft – all dies sind Werte, die auf die Lehren des Konfuzius (Khong Tu) zurückgehen. Der Philosoph lebte von 551 bis 479 v. Chr. im chinesischen Staat Lu und predigte eine streng hierarchisch und auf die Erziehung zum »Edlen Menschen« ausgerichtete Ethik.

Zu den fünf Grundtugenden zählen für ihn Mitmenschlichkeit, Gerechtigkeit, Rücksichtnahme, Befolgung der Sitten und Riten sowie Einsicht.

Eine daoistische Zeremonie

Daoismus

Das Streben nach Harmonie, die fast romantische Einstellung zur Natur und eine pragmatische Weltanschauung stehen in der geistigen Tradition von Laotse (Lao Te), der im 7./6. Jh. v. Chr. in der nordchinesischen Provinz Henan gelebt haben soll. Sein Denken kreist um das *dao* – nur unzureichend mit »Sinn« oder »Weg« übersetzbar –, dem allen Dingen innewohnenden Urprinzip. Im Einklang mit dem *dao* soll der Mensch ein einfaches, zurückgezogenes Leben führen.

Gar nicht einfach ist hingegen der Volksdaoismus, der sich nahezu losgelöst von den Ideen des Laotse im Lauf der Jahrhunderte entwickelt hat. Bei ihm steht ein reich bevölkertes Pantheon als eine Art »Himmelsbürokratie für irdische Anliegen« im Vordergrund. An der Spitze der virtuellen Heerscharen steht der Jadekaiser (Ngoc Hoang). Für fast jede Lebenslage ist eine andere Gottheit zuständig: die Himmelskönigin (Thien Hau) für Fischer und Seefahrer, der Gott des Reichtums (Ong Than Tai) für Geschäftsleute, die zwölf Hebammen (Ba Mu) für Frauenleiden und die vier Unsterblichen (Tu Bat Tu) für menschliche Probleme aller Art.

Die überall verehrte Quan Am auf einer Lotosblüte

Buddhismus

Seit seiner Einführung vor gut 2000 Jahren ist die Religion des Erleuchteten vorwiegend in Gestalt des Mahayana verbreitet. Nur Wenige – wie die Khmer – sind Anhänger des älteren Theravada-Buddhismus, bei dem die ursprünglichen Lehren Buddhas im Vordergrund stehen.

In vielen Klöstern wird der Meditationsbuddhismus (*thien*, jap. zen) praktiziert, um durch strenge Kontemplation die Erkenntnis zu kultivieren, dass alle Existenzen in sich leer sind. Ziel ist die Erleuchtung, also die vollkommene innere Freiheit des Menschen.

Die meisten Buddhisten folgen der »Schule des Reinen Landes« *(tinh do)*. Durch die ständige Anrufung des Buddha-Namens wollen sie später im »Reinen Land des Westens« wiedergeboren werden. Dabei werden sie von Bodhisattvas unterstützt – Erleuchtungswesen, die auf die Welt zurückkehren, um allen Lebewesen zu helfen.

Christentum

König Le Trang Tong erließ 1533 ein zeitweiliges Missionsverbot. Es ist der erste Hinweis auf die Anwesenheit von Katholiken in Vietnam. Ab dem 17. Jh. waren vor allem französische Missionare aktiv, darunter der Jesuitenpater Alexandre de Rhodes, der Vater des heutigen vietnamesischen Schriftsystems. Während der Kolonialzeit und ab 1954 im Süden unter dem Diem-Regime genossen Katholiken zahlreiche Privilegien. Unter den Kommunisten erlebten sie eine Phase der Unterdrückung, haben sich jedoch inzwischen mit ihnen arrangiert. Evangelische Gemeinden existieren seit 1911 vorwiegend unter einigen ethnischen Minderheiten im Zentralen Hochland. Heute werden etwa 7% der Vietnamesen dem Christentum zugerechnet.

Verwirrende Götterwelt

Buddhistisch:

- **A Di Da** (Amithaba), Buddha der Vergangenheit
- **At Nan** (Ananda), Lieblingsschüler Buddhas
- **Ca Diep** (Kashyapa), enger Schüler Buddhas
- **Di Lac** (Maitreya), Buddha der Zukunft, meist als fröhlicher Dickbauch-Buddha dargestellt
- **La Han** (Arhat), Nachfolger Buddhas, meist 18 an der Zahl
- **Pho Hien** (Samantabhadra), Bodhisattva der Meditation (mit weißem Elefanten)
- **Quan Am** (Avalokiteshvara), Bodhisattva des Mitgefühls
- **Thich Ca** (Shakyamuni), historischer Buddha, häufig als Kind dargestellt
- **Van Thu** (Manjushri), Bodhisattva der Weisheit (mit blauem Löwen)

Daoistisch:

- **Ngoc Hoang** (Jadekaiser), oberster Herrscher über Himmel und Erde
- **Ong Tao** (Küchengott), Beschützer des Hauses
- **Ong Dia oder Ong Cong** (Erdgott), Wächter und Schutzgott
- **Ong Than Tai** (Gott des Geldes), der Bankier unter den Göttern
- **Quan Cong** (chinesischer General), Streiter für die Gerechtigkeit
- **Thanh Hoang** (Höllenkönige), Richter über die zehn Höllen
- **Thanh Mau** (Göttliche Mutter), oft Mutter der Erde, des Wassers und der Berge und Wälder
- **Thien Hau** (Himmelskönigin), Beschützerin der Seefahrer und Fischer
- **Tu Bat Tu** (Vier Unsterbliche), namens Tan Vien, Giong, Chu Dong Tu und Lieu Hanh, zuständig für alle möglichen menschlichen Probleme

Kunst, Kultur und Kunsthandwerk

Ob Musik, Theater oder Kunsthandwerk – der enorme Einfluss Chinas ist unübersehbar. Dies verwundert nicht, denn schließlich war Vietnam über tausend Jahre Teil des Reichs der Mitte. Bis in die jüngere Vergangenheit stand die Kunst vorwiegend in Diensten des Königshofes und der Religion, was ihr nur wenige Freiheiten ließ. Die Auftraggeber machten entsprechend der Tradition genaue Vorgaben.

Dass nur wenige Zeugnisse aus der Vergangenheit erhalten geblieben sind, liegt vorwiegend an den vergänglichen Materialien und den zahlreichen Kriegen.

Holzschnitzkunst

Beim Besuch in einem Tempel zeugen anmutige Holzplastiken, feinste Muster und Reliefs an Paneelen, Säulen und Dachbalken von der großen Schaffenskraft vietnamesischer Kunsthandwerker. Vor allem die Gemeinschaftshäuser *(dinh)* weisen wunderbare Schnitzarbeiten auf. Dort gelangte im 17. Jh. die Holzschnitzkunst zur Blüte. Die Dachbalken hatten es den Schnitzern besonders angetan, denn hier konnten sie sich mit derben Szenen und üppigen Figuren richtig austoben. Im Gegensatz dazu waren sie in buddhistischen Pagoden *(chua)* auf religiöse Themen beschränkt. Dafür hatten die Bildhauer eine enorme Auswahl bei der Gestaltung von Plastiken. Wegen seiner Beständigkeit und guten Verarbeitungsmöglichkeit bevorzugten sie das Holz des Jackfrucht-Baumes. Im 17. Jh. wurde es populär, dass Stifter und Patrone Porträtstatuen von sich anfertigen ließen. Diese lassen häufig individuelle Züge erkennen. Sehr realistisch wirken bis heute die Darstellungen der 18 Arhats (La Han), etwa in der Tay-Phuong-Pagode (› S. 63).

Theater

In Zeiten von Internet und TV stößt das einheimische Bühnenspiel auf geringes Interesse. Dabei verfügt es über eine lange Tradition, die sich bis ins 12. Jh. zurückverfolgen lässt. Im 17. Jh. hatten sich zwei klassische Formen herausentwickelt: das volkstümliche *cheo* und das höfische *tuong*. Das bevorzugt auf Tempelfesten aufgeführte *cheo* ist eine Mischung aus Satire, Melodram und Gesang mit moralischen Themen. Die Stücke des *tuong* sind stark chinesisch beeinflusst und eine Melange aus Gesang, Akrobatik und Mimik. Mit dem Wasserpuppentheater hat sich im 12. Jh. eine eigenständige, weltweit einmalige Kunstform entwickelt (› S. 55). Im Saigon der 1920er-Jahre entstand ein europäisch beeinflusstes Reformtheater *(cai luong)*, das seine Themen bis heute aus aktuellen oder historischen Stoffen bezieht.

Musik

Die traditionelle Musik klingt für europäische Ohren meist ziemlich schräg, denn sie folgt der für Ostasien typischen Fünftonmusik. Musik und Instrumente entstammen der chinesischen Tradition, doch finden sich auch Spuren der Cham. Im Lauf der Jahrhunderte bildete sich eine förmlich-steife Hofmusik und eine lebendig-humorvolle Volksmusik heraus. Zu den eigentümlichsten Instrumenten zählt das einsaitige *dan bau* mit länglichem Resonanzkörper und beweglichem Saitenhalter. Heute bevorzugen die jungen Vietnamesen eher einheimische Popklänge, die westlichen und ostasiatischen Trends folgen.

Literatur

Auch die Dichtkunst stand lange unter chinesischem Einfluss. Dies liegt nicht zuletzt daran, dass in Vietnam vorwiegend buddhistische Mönche und konfuzianische Gelehrte der chinesischen Sprache und Schrift mächtig waren. Sie verfassten Gedichte, Chroniken, Landschaftsbeschreibungen oder Geschichtensammlungen. Später pflegten Adelige die höfische Dichtung als Freizeitbeschäftigung.

Der Ao Dai

Anmutig stolzieren die Schulmädchen in ihren weißen Ao Dai durch die Straßen. Lange verpönt – und als Schuluniform sogar zeitweilig verboten – kann sich die sinnliche Nationaltracht auch gegen westliche Mode wieder gut behaupten. Auf den Laufstegen werden immer neue Kreationen vorgeführt, der Ao Dai (sprich: Ao Sai) ist in der Welt der Mode angekommen. Das »lange Gewand«, so die Bedeutung des Wortes, ist eine seitlich geschlitzte Tunika, die über weiten Seidenhosen getragen wird. 1744 hatte der Fürst Nguyen Phuoc Khoat diese Tracht seinen Untertanen verordnet. Heute wird der Ao Dai auch freiwillig gern getragen: mal dunkel und hochgeschlossen, mal hauchdünn und knallbunt.

Anmutig und elegant – Mädchen im Ao Dai

Erst im 18. Jh. lösten sich die Versdramen aus ihrem engen Korsett, als der Schriftsteller Nguyen Du (1765 bis 1820) in seinem Versroman *Kim Van Kieu* das tragische Schicksal der schönen Kieu beschrieb, die versuchte, aus der strengen konfuzianischen Gesellschaftspyramide auszubrechen.

Vollkommen unabhängig von dieser Literatur wurde die Volksdichtung mündlich überliefert. Im 19. Jh. übte dann auch die Kolonialmacht literarische Einflüsse aus, während nach der kommunistischen Machtübernahme die Kunst im Dienst der Partei zu stehen hatte. Dies ist heute nicht mehr der Fall. Dafür haben die Schriftsteller nun mit dem globalen Buchmarkt und dem Desinteresse ihrer Landsleute zu kämpfen.

Feste und Veranstaltungen

Es sind vorwiegend religiöse Anlässe, die den Festkalender prall füllen. Mit Umzügen und Märkten begeht jedes Dorf seine eigene Feier zu Ehren des Schutzgeistes oder eines Heiligen. Die meisten Feiertage richten sich nach dem Mondkalender, der aus zwölf Monaten mit 29 oder 30 Tagen besteht. Er ist jedoch an den Sonnenkalender gekoppelt, weshalb etwa alle drei Jahre zwischen dem dritten und vierten Mondmonat ein Schaltmonat eingeschoben wird.

Festkalender

Jan./Feb.: Den Jahresreigen läutet das **Neujahrsfest** Tet Nguyen Dan ein, das die Vietnamesen schlicht *tet* (= Fest) nennen. Es wird über vier Tage zwischen Mitte Januar und Mitte Februar gefeiert. Vorher gilt es, mit allem Alten abzuschließen und das Haus auf das Neue vorzubereiten. Also werden Schulden beglichen, unbrauchbare Dinge weggeworfen und durch neue ersetzt; das gesamte Haus wird generalgereinigt und mit Kumquat-Bäumchen (im Norden) oder Aprikosenbäumchen (im Süden) geschmückt. Bereits am 23. Tag des 12. Mondmonats wird der Altar des Herdgottes gewienert, und mancher schmiert der Figur tatsächlich Honig um den Mund, weil der Gott dem Jadekaiser über die Taten der Familie berichtet. Die nächsten Tage verbringen die Familien mit Essen, Tempelgängen und Besuchen.

März/April: Der 5. oder 6. Tag des 3. Mondmonats ist Tet Thanh Minh, das **Totengedenkfest**. Angehörige reinigen die Gräber ihrer Verstorbenen und bringen Opfergaben dar. Zwischen dem 13. und 16. April wird im Mekong-Delta das **Neujahrsfest der Khmer** gefeiert.

April/Mai: Zum 15. Tag im 4. Monat begehen die Buddhisten

Drei Tage lang feiert man Tet – das Neujahrsfest

ihr höchstes Fest, Le Phat Dan. Durch Zeremonien in den geschmückten Pagoden erinnern sie an **Buddhas Geburtstag**.
Juni/Juli: Zur **Mittsommerwende**, Tet Doan Ngo, am 5. Tag des 5. Monats, ist ein Opfer für hungrige Geister und Höllenkönige angebracht. Amuletthändler haben Hochkonjunktur.
Aug./Sept.: Am 15. Tag des 7. Monats gedenken Familien zum **Tet Trung Nguyen** mit Speisen und Papieropfern der Ahnen.
Sept./Okt.: Kinderherzen schlagen höher, wenn am 15. Tag des 8. Monats das **Mittherbstfest**, Tet Trung Thu, ansteht. Sie ziehen mit Laternen durch die Straßen und essen Mondkuchen.

Gesetzliche Feiertage

- **1. Januar:** Neujahr
- **30. Tag des 12. Mondmonats:** Letzter Tag des Mondjahres
- **1.–3. Tag des 1. Mondmonats:** Neujahrsfest (Tet Nguyen Dan)
- **10. Tag des 3. Mondmonats:** Gedenktag der Hung-Könige (Gio To Hung Vuong)
- **30. April:** Tag der Befreiung
- **1. Mai:** Tag der Arbeit
- **2. September:** Unabhängigkeitstag

An diesen Tagen bleiben Behörden, Ämter und Banken geschlossen. Mit Ausnahme des Tet-Festes sind Privatgeschäfte offen.

Essen und Trinken

Für die Vietnamesen sind Mahlzeiten Gemeinschaftssache, und je mehr Leute am Tisch sitzen, desto größer ist die Auswahl. Es gibt keine Reihenfolge: Alles kommt auf Tellern oder in Schüsseln in die Mitte des Tisches, jeder bedient sich nach Geschmack. Gegessen wird mit Stäbchen. Die Beigaben werden mit den Stäbchen ins eigene Reisschälchen gelegt und zusammen mit dem Reis gegessen. Damit der Weg zum Mund nicht zu weit ist, nimmt man die Schale in die linke Hand.

Kulinarisches

Den Tag beginnen die Vietnamesen bevorzugt mit einer **Nudelsuppe**. Zur Auswahl stehen flache weiße Reisnudeln *(banh)* oder gelbe, festere Weizennudeln *(mi)*, die bereits gekocht in eine Schale gegeben und mit einigen Gemüseblättern und Kräutern bestreut werden. Darauf kommt Hühner- oder Rindfleisch; der kleine Berg wird dann mit heißer, lange gekochter Fleischbrühe begossen. Auch am Morgen würzt man bereits mit Pfeffer und frisch geschnittenen Chilischoten.

Mittags und abends dominiert der **Reis** zusammen mit verschiedenen Gemüsegerichten, Fisch oder Fleisch. Auch eine Suppe wird gern dazu gereicht. Hinzu kommt ein Teller mit »duftenden Kräutern« *(rau thom)*, etwa Basilikum *(rau que)*, Koriander *(rau mui* oder *ngo)* oder Minze *(rau hung cay)*. Sie werden einfach mit den anderen Beigaben gemischt und geben dem Gericht die nötige Frische.

Vietnamesische Märkte – ein Fest für alle Sinne

Nicht fehlen darf *nuoc mam,* das wie Bernstein leuchtende »Wasser vom gesalzenen Fisch«. Diese **Fischsoße** ist das Nationalgewürz schlechthin. Gesalzener Fisch (meist Sardellen) fermentiert in speziellen Fässern etwa ein Jahr, bis ein hoch konzentrierter Sud entstanden ist, der genauso riecht, wie man es sich vorstellt. Jede Hausfrau und Köchin hat ihr eigenes Rezept, wie der Sud mit Essig, Zitronensaft, Knoblauch, Zucker, Chili und Koriander zu einer genießbaren Soße gestreckt wird.

Frühlingsrollen gibt es in erstaunlicher Vielfalt. Sehr beliebt sind gebratene und mit Gemüse und Fleisch gefüllte *nem saigon* (im Norden) bzw. *cha gio* (im Süden). In Zentral-Vietnam sind gedämpfte Reismehlrollen *(banh cuon)* verbreitet, die mit verschiedenen Fleisch- und Gemüsezutaten gefüllt sind. Bei den rohen »Glücksrollen« *(goi cuon)* kommen die Beigaben getrennt zum Selberwickeln auf den Tisch.

Näheres zu regionalen Spezialitäten › Special S. 96.

Süßes

Eine Vielzahl von Tropenfrüchten bereichert den Nachtisch. Sehr beliebt sind Banane *(chuoi)*, Pomelo *(buoi)*, Papaya *(du du)*, Jackfrucht *(mit)*, Longan *(nhan)*, Ananas *(qua dua* oder *trai gai)*, Drachenfrucht *(thanh long)* und je nach Saison Mango *(xoai)*. Waffeln *(que)* und Gebäck *(bot nhoi)* sind vor allem in den Städten verbreitet. Sehr schmackhaft ist auch Bananenpudding mit Kokosmilch *(che chuoi)* oder eine Schale süße schwarze Bohnen *(che dau den)*. In Bananenblättern gedünstete Klebreiskuchen *(banh chung)* mit Sojabohnensprossen und Schweinefleisch sind zum Tet-Fest allgegenwärtig.

Getränke

In Plastikflaschen abgefülltes Trinkwasser *(nuoc nam)* gibt es überall im Land. Noch erfrischender ist das sprudelnde Mineralwasser *(so da)* oder der Saft der Kokosnuss *(nuoc dua)*.

Echt gut!

Regionale Bestseller

- Sie lieben Fisch? Dann probieren Sie im **Cha Ca Thang Long** einmal die Hanoier Spezialität *cha ca* › S. 61.
- Hues Küche ist dank ihrer königlichen Vergangenheit besonders vielfältig. Im **Y Thao Garden** essen Sie nicht nur gut, sondern auch gemütlich › S. 86.
- Der **Cargo Club** im Herzen von Hoi An tischt schmackhafte lokale Gerichte auf. Lassen Sie aber noch etwas Platz für die Leckereien aus der hauseigenen Patisserie › S. 92.
- In Saigons angesagtem **Temple Club** speisen Sie im stilvollen Rahmen einer alten chinesischen Stadtvilla › S. 111.
- Der natürliche Reichtum des Mekong-Deltas schlägt sich in den Speisekarten der lokalen Restaurants nieder. Gute Fisch- und Gemüsegerichte finden Sie im **Nam Bo** in Can Tho › S. 131.

Einheimische Männer greifen gern zum Bier *(bia)*, das als *bia hoi* vom Fass oder in Flaschen und Dosen angeboten wird. Je nach Region kann man im Norden *Halida* und *bia Hanoi*, in Zentral-Vietnam *Huda* und *Larue* oder im Süden *BGI* und *bia Saigon* probieren.

Männliches Lieblingsgetränk ist und bleibt jedoch der Reisschnaps *(ruou de)*. Beim *ruou nep* wird er aus Klebereis gebrannt, beim *ruou ran* sind Schlangen und anderes Getier im Hochprozentigen eingelegt.

Grundbegriffe

com – Reis
com chien – Gebratener Reis
mi – Nudeln
pho – Nudelsuppe
heo – Schwein
bo – Rind
ga – Huhn
vit – Ente
ca – Fisch
tom – Shrimps

Fast in jedem Lokal wird nach dem Essen obligatorisch grüner Tee *(che xanh)* gereicht. Der Kaffee tropft dickflüssig und schwarz in ein Glas mit Filteraufsatz; bei *ca phe sua* befindet sich darin bereits gesüßte Kondensmilch, doch der richtige Aufrüttler ist der rabenschwarze *ca phe den* – serviert in einem kleinen Glas, das in einer mit heißem Wasser gefüllten Schale steht.

Shopping

Vom modernen Kunstwerk bis zum vietnamesischen Hut, vom maßgeschneiderten Anzug bis zur Designertasche – die Läden und Märkte sind prall gefüllt. Vietnam ist ein Shoppingparadies, und daher sollten Sie schon vor Abreise genug Platz im Koffer lassen. Besonders der Besuch eines Marktes *(cho)* ist ein wahrer Genuss. An den Marktständen türmen sich die Haushaltswaren und Kleidungsstücke, während in einem abgetrennten Bereich Lebensmittel feilgeboten werden. Märkte sind gute Orte, um günstig Gewürze, Kaffee oder lokale Spirituosen zu erstehen. Kleidung und Schuhe sind dort zwar billig, aber vorwiegend in asiatischen Größen zu finden.

! Bitte feilschen! Mit Verhandlungsgeschick und entsprechender Dramaturgie können Sie auf Märkten und bei Souvenirhändlern den genannten Preis bis zur Hälfte herunterhandeln. Haben Sie sich mit dem Verkäufer geeinigt, gilt der Deal als besiegelt. Ein Rückzieher bedeutet dann Gesichtsverlust. In teueren Geschäften und Boutiquen sind oft Festpreise gesetzt. Wenn überhaupt, wird hier ein Nachlass von maximal 10% gewährt.

Special

Seide, Lack & Lampions

Rund um Hanoi gibt es eine Reihe von Handwerksdörfern, die sich auf die Herstellung eines Produktes spezialisiert haben – darunter Bat Trang auf Keramik, Dong Ho auf Neujahrsbilder, Chuong auf konische Hüte und Dong Ky auf Holzarbeiten. Eine große Vielfalt an kunstgewerblichen Produkten finden Sie in der Altstadt von Hanoi. Die Hauptstadt ist zudem eine Hochburg für moderne Kunst. Galerien sind auch in Saigon und Hoi An angesiedelt. Sa Pa im nordwestlichen Bergland ist ein wahres Eldorado für Web- und Flechtarbeiten der Minderheiten. Bei Seidenstoffen werden Sie neben den beiden Metropolen vor allem in Hue und Hoi An fündig. In letzterem Ort konkurrieren Dutzende von Kleiderläden miteinander. Bei fast allen können Sie sich einfach über Nacht etwas schneidern lassen.

Lackarbeiten

Kunst- und Gebrauchsgegenstände aus Lack sind seit vielen Jahrhunderten verbreitet. Meist wird dazu das Harz des Lacksumach

Poetische Hüte

Hue ist berühmt für die »poetischen Hüte« *(non bai tho)*. Sie werden aus Blättern der Latanpalme hergestellt, die auf kegelförmigen Gestellen an 16 Bambusringen festgenäht werden. Als Zwischenlage kommt ein Scherenschnitt mit Motiven hinzu. Eine Riesenauswahl finden Sie auf dem Dong-Ba-Markt von Hue.

Lampions – beliebtes Mitbringsel

(Rhus vernicifera) verwendet und durch verschiedene Zusätze eingefärbt. Auf einen Kern aus Holz oder Bambus trägt der Künstler je nach Qualität mehrere Lackschichten auf. Die Muster gestaltet er durch Einritzen und Ausfüllen mit andersfarbigem Lack, durch Bemalen oder durch Intarsien aus Perlmutt und Eierschalen. Auf diese Arten dekoriert er Dosen, Vasen, Becher, Tabletts oder Essstäbchen, ja selbst Wandschmuck und soagr Möbelstücke. Moderne Lackbilder werden seit ihrer Einführung im frühen 20. Jh. immer populärer. Mit ihnen haben sich mittlerweile eine ganze Reihe von Künstlern einen Namen gemacht.

- **Tay Son**
198 Vo Thi Sau, Dist. 3
Ho-Chi-Minh-Stadt
Tel. 08/39325525
- **Nga Art Craft**
49–57 Dong Du, Dist. 1
Ho-Chi-Minh-Stadt
Tel. 08/38238356
- **Fine Arts Truong Tien**
155 Tran Hung Dao, Hue
- **Art Tunnel**
4-6 Hang Trong, Hanoi
Tel. 04/38289381

Moderne Kunst

Kunstwerke aus Vietnam erzielen auf dem internationalen Markt vergleichsweise hohe Preise. Beim Besuch in einer der vielen Galerien wird deutlich, wie lebendig die hiesige Kunstszene ist. Das war nicht immer so. Einer schöpferischen Anfangsphase durch die Etablierung der *École Supérieure des Beaux-Arts de l'Indochine* 1925 in Hanoi folgten kriegs- und teilungsbedingt schwierige Zeiten für Künstler. Ihre Kreativität war durch Geldmangel und ideologische Vorgaben extrem eingeschränkt. Seit den 1990er-Jahren

Echte Seide erkennen

Leider werden überall vermeintliche »Seidenstoffe« verkauft, die in Wahrheit aus Kunstfasern hergestellt sind. Machen Sie im Zweifelsfall die Feuerprobe mit einem losen Faden: Die erhitzte Kunstfaser schmilzt zu harten Tröpfchen, während die Seide weich wird und zu Asche verbrennt.

können sie sich wieder weitgehend frei entfalten und sind damit recht erfolgreich. Vor allem in Hanoi öffnete eine ganze Reihe ambitionierter Galerien. Wer nicht gleich ein Gemälde kaufen will, findet zumindest einige schöne Grußkarten. Im Folgenden einige Adressen in Hanoi:

- **Hanoi Studio**
13 Trang Tien
Tel. 04/39344433
www.arthanoistudio.com

- **Apricot Gallery**
40 B Hang Bong
Tel. 04/38288965
www.apricot-artvietnam.com

- **Thanh Binh Gallery**
25-27 Trang Tien
Tel. 04/38251532
www.thanhbinhgallery.com

- **Green Palm Gallery**
110 Hang Gai, Tel. 04/38289293, und **15 Trang Tien, Tel. 04/39364756**
www.greenpalmgallery.com

Mode

Ein Blick auf das Straßenleben zeigt, dass sich »Miss Saigon« und »Miss Hanoi« gern modisch kleiden. Die Zahl der Boutiquen ist sprunghaft gestiegen, um die Kauflust der konsum- und experimentierfreudigen Vietnamesinnen – und vermehrt auch der Männer – zu befriedigen. Gute Adressen sind:

- **Minh Hanh**
24 Dong Khoi (neben dem Grand Hotel), Tel. 08/38245774, und
114 B Nguyen Hue, Tel. 08/38251790, beide Dist. 1, Ho-Chi-Minh-Stadt.
Ausgefallene Kleider von Vietnams bekanntester Designerin.

Farbenfrohes Neujahrsbild

- **Khai Silk**
107 Dong Khoi, Dist. 1, Ho-Chi-Minh-Stadt, Tel. 08/38291146, und
96 Hang Gai, Hanoi, Tel. 04/38254237.
Renommierte Boutique mit hochwertigen Seidenstoffen und -kleidern.

- **Bambou Company**
15 Biet Thu, Nha Trang,
Tel. 058/3523616,
www.bamboucompany.com.
Bedruckte T-Shirts und bunte Kleider.

- **Fashion House by Duyen Huong Creation**
5 Ngo 31, Xuan Dieu, Hanoi,
Tel. 09/36685509.
Modische Kleider und Accessoires ider Designerin Duyen Huong.

- **Tina Sparkle bzw. Ipa Nima**
17 Nha Tho, Hanoi, Tel. 04/39287619 und **77–79 Dong Khoi**
Ho-Chi-Minh-Stadt, Tel. 08/38223277,
www.ipa-nima.com
Glamouröse Taschen des Labels Ipa-Nima von deer Hong-Kong-Chinesin Christina Yu.

Unterwegs in Vietnam

Entdecken Sie die einzelnen Reiseregionen – jeweils mit den schönsten Touren, allem Sehens- und Erlebenswertem, Hotel-, Restaurant-, Nightlife- und Shoppingtipps

Der Norden

Nicht verpassen!

- In Hanoi eine Reisnudelsuppe *(pho)* probieren
- Im Kajak die Inselwelt der Ha-Long-Bucht erkunden
- Durch die Karstlandschaft der Trockenen Ha-Long-Bucht radeln
- Die Affen im Endangered Primate Rescue Center des Cuc-Phuong-Nationalparks besuchen
- Mit der Eisenbahn von Hanoi in den bergigen Nordwesten fahren

Karte Seite 48

Zur Orientierung

Die weiten Ebenen im Roten-Fluss-Delta, eine fantastische Inselwelt, altertümliche Baudenkmäler und zauberhafte Bergwelten – der Norden bietet eine gute Mischung aus Natur und Kultur und zeigt dabei Vietnam von seiner ureigensten Seite: Marktfrauen mit den typischen konischen Hüten, strahlende Jungen auf Wasserbüffeln, leuchtend grüne Reisterrassen und bizarr geformte Karsthügel. Gleichwohl bleibt die Zeit nicht stehen. Trotz aller Traditionsverliebtheit drücken die Menschen auf dem Weg in die Zukunft kräftig aufs Tempo. Das ist nicht nur in der Metropole Hanoi zu spüren, sondern auch in den Dörfern und Städten. Überall wird gewerkelt und gebaut, aus alten Staubpisten werden breite Teerstraßen und aus Reisfeldern weitläufige Industriegebiete.

Im Norden kann man sich gut ein bis zwei Wochen aufhalten. Allein um das schmucke **Hanoi** mit seinen Museen, Sakralbauten und Seen, seinen Galerien, Geschäften und der Altstadt zu besichtigen, braucht man mehrere Tage. Zudem verführen die zahlreichen Tempel, Handwerksdörfer und Pilgerziele im Umland zu Ausflügen, z.B. die Thay-Pagode, das Keramikdorf Bat Trang oder der Wallfahrtsort Chua Hong.

Das Bergland im Nordwesten ist Heimat der Hmong

Die vier Autostunden östlich von Hanoi gelegene **Ha-Long-Bucht** ist angesichts der eindrucksvollen Inselwelt zu Recht weltberühmt. Zwar bietet Ha-Long-Stadt genügend Hotels, besser ist jedoch die Übernachtung auf einem Boot.

Die Provinzstadt **Ninh Binh**, knapp 100 km südlich von Hanoi, ist ein idealer Ausgangspunkt für den Besuch der pittoresken sogenannten **Trockenen Ha-Long-Bucht,** des mächtigen Doms von **Phat Diem** sowie des waldreichen **Cuc-Phuong-Nationalparks**.

Eine ganz eigene Welt erschließt sich auf einer Reise in den multikulturellen Nordwesten mit seiner atemberaubenden Berglandschaft. Hier kommen vor allem jene auf ihre Kosten, die gern wandern. Mit Ausnahme von **Sa Pa** ist die touristische Infrastruktur jedoch recht unterentwickelt. Während das in einem Tal gelegene **Mai Chau** von seiner relativen Nähe zu Hanoi (135 km) profitiert, zieht **Dien Bien Phu** wegen seiner Bedeutung im Ersten Indochinakrieg vor allem historisch Interessierte an. Zwei Dinge sollten beim Besuch des Nordens unbedingt ins Gepäck: gute Bergschuhe für Wanderungen und warme, windfeste Kleidung, denn zwischen November und Anfang März kann es dort sehr kalt werden. Oft zeigt sich der Himmel in diesen Monaten wolkenverhangen.

Touren in der Region

Ins Herz des Roten-Fluss-Deltas

③ Hanoi › Ha Long › Ninh Binh › Cuc-Phuong-Nationalpark › Hanoi

Länge: 585 km
Dauer: 5 Tage
Praktische Hinweise: Für diese Rundtour benötigen Sie einen Wagen mit Fahrer. Auf dem Weg von Ha Long nach Ninh Binh können Sie in der Nähe von Nam Dinh einen Stopp an der buddhistischen Chua Pho Minh und den Gedenktempeln der Tran-Dynastie einlegen. Beide Heiligtümer befinden sich direkt an der Nationalstraße 10. Da Ninh Binh an der Bahnstrecke Hanoi–Ho-Chi-Minh-Stadt liegt, können Sie von dort auch mit dem Nachtzug gen Süden weiterreisen und am nächsten Tag in Dong Hoi oder Hue aussteigen.

Von ****Hanoi** › S. 51 geht es zunächst 165 km östlich nach **Ha-Long-Stadt** › S. 66, das der Ausgangspunkt für Ausflüge in die weltberühmte *****Ha-Long-Bucht** › S. 65 ist. Nach einer ausgiebigen Bootstour bietet sich die Fahrt entlang der Nationalstraße 10 in Richtung Süden nach **Ninh Binh** › S. 68 an (257 km), um von dort aus die ****Trockene Ha-Long-Bucht** › S. 69 und andere Sehenswürdigkeiten zu besuchen,

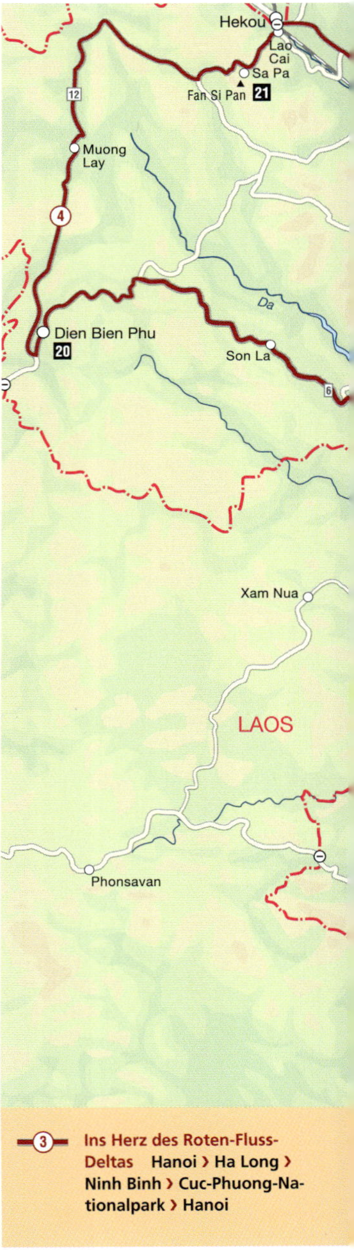

③ Ins Herz des Roten-Fluss-Deltas Hanoi › Ha Long › Ninh Binh › Cuc-Phuong-Nationalpark › Hanoi

4 Ins nordwestliche Bergland Hanoi › Mai Chau › Dien Bien Phu › Sa Pa › Hanoi

etwa die Kathedrale von ****Phat Diem** › S. 70. Weiter geht es zum 45 km nordwestlich von Ninh Binh gelegenen ****Cuc-Phuong-Nationalpark** › S. 71 mit seiner reichen Flora und Fauna. Um genügend Zeit für seine Erkundung zu haben, sollten Sie eine Nacht im Gästehaus der Parkverwaltung verbringen. Über eine Seitenstraße und die gut ausgebaute N 1A kommen Sie in drei Stunden wieder in die nur 120 km entfernte Hauptstadt zurück.

Ins nordwestliche Bergland

4 Hanoi › Mai Chau › Dien Bien Phu › Sa Pa › Hanoi

Länge: 1135 km
Dauer: 4–7 Tage
Praktische Hinweise: Die Nationalstraßen sind zwar in relativ gutem Zustand, nicht aber die Seitenwege. Daher empfiehlt sich für die einwöchige Rundreise in den bergigen Nordwesten ein robustes Fahrzeug – wie immer mit Fahrer. Bei Zeitknappheit können Sie von Hanoi nach Dien Bien Phu fliegen, sich von dort per Mietwagen nach Sa Pa chauffieren lassen und vom nahe gelegenen Lao Cai mit dem Zug nach Hanoi zurückfahren. Dies ist in 4–5 Tagen zu schaffen.

Die interessante, wenn auch anspruchsvolle Rundreise führt zunächst von Hanoi nach ****Mai Chau** › S. 72 (135 km), das in einem lang gestreckten Tal liegt und sich für kleinere Wanderungen anbietet. Bei der Weiterreise ins 324 km entfernte ***Dien Bien Phu** › S. 72 empfiehlt sich ein Übernachtungsstopp in Son La. Dien Bien Phu liegt in einer fruchtbaren Ebene und ist nicht nur wegen des berühmten Sieges der Viet Minh über die Franzosen im Jahr 1954 interessant, sondern auch ein guter Ausgangspunkt für Besuche umliegender Dörfer der ethnischen Minderheiten. Die 300 km weite Strecke nach ****Sa Pa** › S. 73 führt durch eine der spektakulärsten Berglandschaften Vietnams. Sie wäre zwar an einem Tag zu schaffen, aber auch hier lohnt eine Zwischenübernachtung (etwa in Muong Lay), damit genügend Zeit für Fotostopps oder Dorfbesuche bleibt. Von Sa Pa geht es entlang des Roten Flusses zurück nach ****Hanoi** › S. 51 (376 km) – am besten nimmt man dafür den in Lao Cai startenden Zug.

Verkehrsmittel

Vom internationalen Noi-Bai-Flughafen nördlich von Hanoi starten Maschinen in die wichtigsten Städte, u.a. ins 500 km entfernte Dien Bien Phu. Die Eisenbahn verbindet die Hauptstadt über die Grenzorte Dong Dang und Lao Cai (45 km von Sa Pa) mit China. Eine weitere Trasse verläuft über Ninh Binh in Richtung Süden. Die Orte in der Umgebung von Hanoi erkundet man am besten per Mietwagen mit Fahrer.

Unterwegs im Norden

1 **Hanoi 1

Schattige Boulevards und quirlige Altstadtgassen, mondäne Villen und staatstragende Protzarchitektur – die vietnamesische Hauptstadt ist eine wunderbare bunte Mischung. Asiatische Emsigkeit geht hier einher mit konfuzianischer Gewissenhaftigkeit; koloniale Anmut vereint sich mit sozialistischer Sachlichkeit. Die 3,6-Millionen-Metropole zeigt sich traditionsverliebt und zukunftstrunken: Sie blickt nach vorn, ohne dabei ihre tausendjährige Geschichte zu vergessen.

Geschichte

Als König Ly Thai To 1010 am rechten Ufer des Roten Flusses die Stadt des »Aufsteigenden Drachen«, *Thang Long*, gründete, folgte er dem Vorbild der Song-Kaiser in China. Im Zentrum ließ er seine quadratische Königsresidenz, wörtlich »Gelbe Stadt«, mit den repräsentativen Bauten und, darin eingeschlossen, die »Purpurne Verbotene Stadt« für sich und seine Konkubinen errichten. Um sie herum schmiegte sich wie ein Ring die »Äußere Stadt« mit den Vierteln der Handwerker und Händler. Zum Schutz mussten die nachfolgenden Könige regelmäßig die Deiche und Befestigungsanlangen sichern lassen. Mehrfach umbenannt, heißt die Stadt seit 1831 *Ha Noi*, was »zwischen den Flüssen« bedeutet.

Das heutige Straßenbild ist den Franzosen zu verdanken, die ab 1883 viele Seen zuschütteten, um

Wahrzeichen Hanois: der Pavillon auf einer Insel im Hoan-Kiem-See

Karte Seite 52

breite Alleen und vornehme Residenzen anzulegen. 1945 wurde Hanoi wieder Hauptstadt, hatte jedoch unter den Kriegen schwer zu leiden, vor allem während der heftigen US-Bombardierungen 1972. Viele Jahre sozialistische Misswirtschaft führten Hanoi in die Stagnation, doch seit Mitte der 1990er-Jahre erlebt die vietnamesische Hauptstadt einen rasanten Aufschwung.

Hoan-Kiem-Distrikt

Zwischen Rotem Fluss und Hoan-Kiem-See erstreckt sich das alte französische Viertel mit einer Reihe repräsentativer Bauten. Darunter ist das 1932 errichtete **Historische Museum** Ⓐ, das auf zwei Etagen die ideologisch ziemlich gefärbte Landesgeschichte von der Frühzeit bis zur Unabhängigkeit präsentiert. Zu den bedeutendsten Ausstellungsstücken zählen die Trommeln aus der bronzezeitlichen Dong-Son-Kul-

Ⓐ Historisches Museum
Ⓑ Revolutionsmuseum
Ⓒ Sofitel Métropole Hanoi
Ⓓ Den Ngoc Son
Ⓔ Thang-Long-Wasserpuppentheater
Ⓕ Den Bach Ma
Ⓖ Stadttor
Ⓗ Markthalle
Ⓘ St.-Josephs-Kathedrale
Ⓙ Chua Ba Da
Ⓚ Literaturtempel
Ⓛ Museum der schönen Künste
Ⓜ Ho-Chi-MInh-Mausoleum
Ⓝ Präsidentenpalast
Ⓞ Holzhaus
Ⓟ Einsäulenpagode
Ⓠ Ho-Chi-Minh-Museum
Ⓡ Den Quan Thanh
Ⓢ Cua Tran Quoc
Ⓣ Ethnologisches Museum

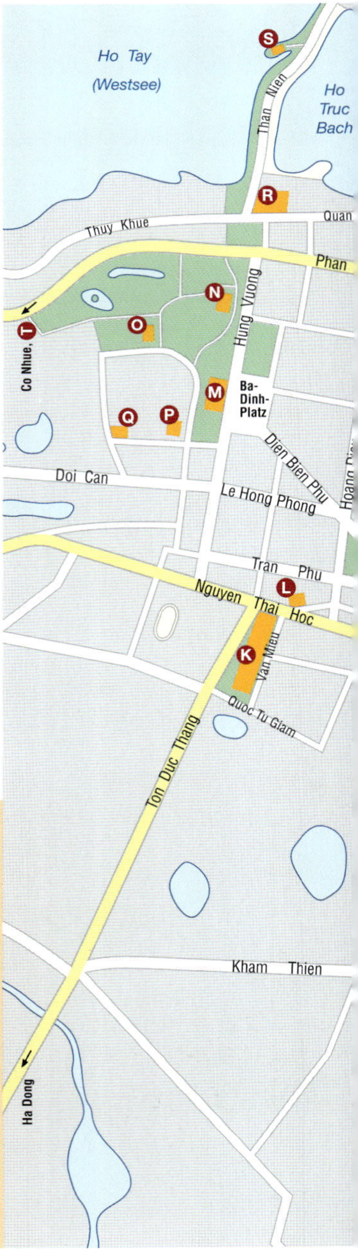

Hanoi
0
500 m
N
Phuc Yen
Long - Bien - Brücke (ehem. Paul-Doumer-Brücke)
Chuong - Duong - Brücke
Halong, Hai Phong
Song Hong (Roter Fluss)
Yen Phu
Tran Nhat Duat
Hang Dau
Gam Cau
Dinh
Phung
Thanh
Cua Bac
Quan Thanh
Militärisches Sperrgebiet
Nguyen Tri Phuong
Ly Nam De
Phung Hung
Hang Cot
Hang Luoc
D. Xuan
Hang Chieu
Hang Buom
Hang Vai
ALTSTADT
Bat Dan
Hang Bo
Hang Bac
Hang Dieu
Hang Non
Hang Thiec
Hang Dao
Hang Gai
Hang Bong
Tran Quang Khai
Ho Hoan Kiem
Le Thai To
Nha Tho
Nha Chung
Ly Thai Tho
Tran Nguyen Han
Rathaus
Ly Thai-To-Park
ehem. Gouverneursresidenz
Trang Thi
Quan Su
Hai Ba Trung
Trang Tien
Bahnhof
Botschafter-Pagode
Ly Thuong Kiet
Ba Trieu
Ngo Quyen
Phan Chu Trinh
Oper
Tran Hung Dao
Kulturpalast
Quang Trung
Hang Bai
Le Thanh Tong
Le Duan
Nguyen Du
Tran Nhan Tong
Lenin-Park
Ho Bay Mau
Ninh Binh
Ba Trieu
Hue
Lo Duc
Nguyen Cong Tru
Tran Khanh Du
A
B
C
D
E
F
G
H
I
J

Im Wasserpuppentheater wird ein Beamter nach der Rückkehr vom Examen empfangen

tur (Di–So 8–11.30, 13.30–16.30 Uhr). Schräg gegenüber wird in ähnlicher Weise im alten Zollhaus, jetzt **Revolutionsmuseum** Ⓑ, der Befreiungskampf dokumentiert (Di–So 8–11.45, 13.30–16.15 Uhr). Einige Schritte entfernt liegt am Ende der einstigen Flaniermeile Rue Paul Bert, heute **Trang Tien,** die neobarocke **Oper,** 1911 als kleinere, wenngleich sehr prächtige Kopie des Pariser Palais Garnier eröffnet. Echt gut! **Das gemütliche Highlands Coffee nebenan lädt zur Einkehr ein.**

In der Ngo Quyen taucht rechter Hand die weiße Fassade des **Sofitel Métropole Hanoi** Ⓒ auf. Das Luxushotel zählt seit seiner Eröffnung 1901 zu den ersten Häusern der Stadt. Echt gut! **In dessen Bamboo Bar können Sie in kolonialen Erinnerungen schwelgen.**

Schräg gegenüber liegt ein weiterer Markstein französischer Kolonialarchitektur, die 1918 erbaute **Residenz des Gouverneurs von Tongking**, heute ein Gästehaus der Regierung.

An keinem von Hanois zahlreichen Seen hängt das Herz der Vietnamesen so sehr wie am ****Ho Hoan Kiem**. Eine Legende erklärt den Ursprung des eigentümlichen Namens des »Sees des zurückgegebenen Schwertes« folgendermaßen: Anfang des 15. Jhs. kämpfte der Großgrundbesitzer Le Loi gegen die chinesischen Besatzer – zunächst erfolglos. Erst als eine goldene Schildkröte ihm ein magisches Schwert überreichte, konnte er die Eindringlinge bezwingen. Bei seiner Siegesparade auf dem See erschien die Schildkröte erneut und forderte das Schwert zurück. Ehe Le Loi es sich versah, entschwebte das Schwert und verschwand mit dem Panzertier im See.

Seit dem 19. Jh. erhebt sich auf einer kleinen Insel im See ein **Pavillon** zu Ehren der Schildkröte. Kurioserweise wurde 1968 ein 250 kg schweres totes Exemplar gefunden, das etwa 400 Jahre alt sein soll. Noch heute taucht gelegentlich eine knapp 2 m große Yangtze-Riesenweichschildkröte auf. Vom Nordostufer führt eine rote Holzbrücke auf eine Insel mit dem **Den Ngoc Son** Ⓓ, einem 1865 errichteten Gedenktempel zu Ehren daoistischer Gottheiten.

Ihm schräg gegenüber liegt das **Thang-Long-Wasserpuppentheater** Ⓔ, in dem täglich mehrere einstündige Vorstellungen stattfinden.

**Altstadt

Nördlich des Sees erstreckt sich bis zur Bahnlinie das alte Viertel der Handwerker. Da sie ab dem 15. Jh. in 36 Zünften organisiert waren, nennen die alten Hanoier den Bezirk noch heute *Ba Muoi Sau Pho Phuong*, »Stadt der 36 Straßen und Gilden«. Noch im 19. Jh. bildeten die einzelnen Zunftquartiere eine von Mauern umgebene geschlossene Einheit mit eigenem Schutzgeisttempel. Als der übervölkerte Stadtteil aus allen Nähten zu platzen drohte, ließen die Franzosen ganze Viertel abreißen, die benachbarte Zitadelle schleifen und neue Straßenzüge anlegen. 1898 wurde die Bahnlinie fertiggestellt, vier Jahre später die 1,6 km lange Paul-Doumer-Brücke (nun Cau Long Bien) über den Roten Fluss.

Geblieben sind die Straßennamen, die auf die Spezialisierung der einstigen Bewohner hinweisen. Sie beginnen alle mit *hang* für »Ware«, und so kann man von der Hang Non, der Hutgasse, in die Hang Thiec, die Zinngasse, oder in die Hang Dieu, die Pfeifengasse, abbiegen. Heute zeigt die Altstadt kein geschlossenes Bild mehr und die alten, bis zu 80 m tiefen Tunnelhäuser weichen zunehmend mehrstöckigen handtuchschmalen Gebäuden mit wenig Charme.

Ein netter Spaziergang führt von der Hang Dao gen Norden bis

Puppenspiel im Wasser

Es ist weltweit einmalig und lustig obendrein. Feuer speiende Drachen und turtelnde Phönixe, Reis pflanzende Bauern und tanzende Schönheiten – das berühmte Wasserpuppentheater verbindet technische Kunstfertigkeit und volkstümliche Theatralik. Hinter einem Bambusvorhang verborgen stehen die Spieler bis zu den Hüften im Wasser und führen die einzeln oder als Gruppe montierten Puppen an Bambusstäben. Sie bleiben für die Zuschauer ebenso unsichtbar wie die befestigten Fäden zum Bewegen der Körperteile. Währenddessen geben die Musiker auf den traditionellen Instrumenten ihr Bestes und unterlegen die Szenen mit dramatischen Tönen und Sprechgesang.

Bereits im 11. Jh. berichteten Reisende über solche Vorstellungen an Adelshöfen. Dass dieses Puppenspiel vor allem im Volk populär wurde, verdankt es den Aufführungen bei den zahlreichen Tempelfesten im Roten-Fluss-Delta und den derb-fröhlichen Geschichten. Die Meister gaben ihren Schülern die Texte und Spieltechnik nur mündlich weiter. Zu den herausragendsten Lehrern zählt der Mönch Tu Dao Hanh (12. Jh.) von der Chua Thay unweit von Hanoi (› S. 63). Nach jahrzehntelanger Vernachlässigung erfreut sich das Puppenspiel heute vor allem bei Touristen großer Beliebtheit.

zur Hang Buom mit dem sehenswerten Tempel des Weißen Pferdes, **Den Bach Ma** F. Folgen Sie der Hang Buom gen Osten bis zur links abgehenden Dao Duy Tu. Sie führt zum einzigen erhaltenen **Stadttor** G an der Hang Chieu. In westlicher Richtung mündet diese Straße in die Dong Xuan, wo in der Nähe die **Markthalle** H mit einem gewaltigen Warenangebot liegt. Von dort können Sie direkt oder über weitere Querstraßen zum See zurückkehren.

Trendviertel Nha Tho

Das Quartier rund um die katholische **St.-Josephs-Kathedrale** I hat sich mit seinen Cafés, Boutiquen und Galerien zu einem Trendviertel entwickelt. Besonders schick ist die zum neogotischen Gotteshaus führende **Nha-Tho-Straße.** Seit 1886 erhebt sich an ihrem Ende die düstere Bischofskirche, deren architektonisches Vorbild unübersehbar die Pariser Kathedrale Notre Dame ist.

Echt gut

An der Nha Tho liegt hinter Häusern versteckt zudem die **Chua Ba Da** J, eine Oase der Stille. Zu der buddhistischen Pagode führt ein schmaler Weg beim Haus Nr. 3. Der Tempel stammt aus dem 15. Jh. und erhielt seinen Namen »Steinerne Großmutter« aufgrund einer Frauenstatue, die beim Bau der Königsstadt gefunden und hier aufgestellt wurde. Mit den Grabstupas im Hof und den Altären im Inneren strahlt er eine würdevolle Atmosphäre aus.

Die Statue des Konfuzius im Literaturtempel

**Literaturtempel K

Nördlich der belebten Quoc Tu Giam erstreckt sich der lang gezogene Komplex des Literaturtempels (Van Mieu). Über 800 Jahre war er Zentrum der konfuzianischen Bildung. 1070 ließ König Ly Thanh Tong zunächst eine Schule für die Prinzen mit einer angeschlossenen Konfuzius-Kultstätte bauen. Sechs Jahre später wurde die Bildungseinrichtung zur Nationalakademie (Quoc Tu Giam) erhoben. 1915 fanden hier die letzten Prüfungen statt.

Die Anlage ist in fünf von Mauern umgebene Innenhöfe mit unterschiedlichen Gebäudekomplexen gegliedert. Zu den Attraktionen zählen ein quadratischer Pavillon aus Holz und die 82

Steinstelen mit den Namen der zwischen 1442 und 1779 erfolgreichen Absolventen. Am Kopfende des vierten Hofs liegen hintereinander eine Zeremonialhalle sowie der Konfuziustempel mit der Statue des Gelehrten und seiner vier bedeutendsten Schüler. Im letzten Hof sind eine Ausstellungshalle und der zweistöckige Khai-Thanh-Tempel zu finden (tgl. 7.30–17 Uhr).

Wer hungrig geworden ist, kann in den seitlich gelegenen **Lokalen Pho 24 oder Koto** einkehren.

Museum der Schönen Künste L

Nördlich des Literaturtempels präsentiert jenseits der Nguyen Thai Hoc das Museum der Schönen Künste traditionelle und moderne Werke. Das Erdgeschoss widmet sich der sakralen Kunst. Interessanter sind die Abteilungen mit Ölgemälden und Lackbildern des 20. Jhs. im ersten Stock und die Seidenmalereien des bedeutenden Expressionisten Nguyen Phan Chanh im zweiten Stock. Im Seitenbau werden Wechselausstellungen gezeigt (Di–So 8.30 bis 17 Uhr, Mi, Sa bis 21 Uhr).

Um den Ba-Dinh-Platz

Zwischen der Dien Bien Phu und dem Westsee erstreckt sich der Ba-Dinh-Distrikt, ein nobles Stadtviertel mit vielen Kolonialvillen und schattigen Alleen. Hier sind zahlreiche Ministerien und Botschaften angesiedelt, und hier liegt auch der vier Fußballfelder große Ba-Dinh-Platz. Es ist jener Ort, an dem Ho Chi Minh am 2. September 1945 die Unabhängigkeit Vietnams verkündete. So überrascht es nicht, dass gerade an dieser Stelle von 1973–75 das klobige ***Ho-Chi-Minh-Mausoleum** M errichtet wurde. Seitdem ruht der einbalsamierte Freiheitsheld in einem gläsernen Sarkophag, von ehrfürchtigen Besuchern bestaunt – obwohl er testamentarisch bestimmte, dass seine Asche über das Land verstreut werden sollte (April–Sept. tgl. außer Mo und Fr 8–11 Uhr, Dez.–März 7.30–11 Uhr).

!! Im Empfangsbereich an der Seitenstraße Chua Mot Cot werden Besucher kontrolliert und müssen Taschen und Kameras abgeben. Ärmellose T-Shirts oder Shorts sind nicht erlaubt.

Den ockerfarbigen **Präsidentenpalast** N plante der Straßburger C. G. Lichtenfelder. Als er 1906 fertiggestellt war, dienten seine 60 prunkvollen Räume 23 französischen Generalgouverneuren bis 1954 als Dienstsitz. Heute wird er für Empfänge genutzt.

Ho Chi Minh wollte übrigens in diesem Prachtbau nicht leben: Zwischen 1954 und 1958 wohnte er in den Dienstgebäuden nebenan, dann zog er in ein bescheidenes **Holzhaus** O um, das idyllisch zwischen alten Mangobäumen und Sumpfzypressen an einem Goldfischteich liegt. Nach dem Vorbild von Häusern vieler Bergvölker ist es auf Stelzen errichtet. (Tgl. 8–11, 14–16 Uhr, Mo, Fr nur 14–16 Uhr).

*Einsäulenpagode und Ho-Chi-Minh-Museum

Keine 200 m vom Mausoleum entfernt liegt ein Heiligtum, das trotz aller Schlichtheit ein Wahrzeichen Hanois ist: die **Einsäulenpagode** Ⓟ. Dabei handelt es sich um einen Holzschrein von nur 3 m Seitenlänge, der auf einem Pfeiler aus einem Teich ragt. König Ly Thai Tong stiftete ihn 1049 aus Dankbarkeit über die Geburt seines Thronerben. Der Legende nach erschien dem Herrscher eines Nachts die Göttin der Barmherzigkeit mit einem Kind. Tatsächlich gebar ihm wenig später eine junge Bäuerin, die er zu seiner Konkubine genommen hatte, den lang ersehnten Stammhalter.

Das gewaltige **Ho-Chi-Minh-Museum** Ⓠ in der Nähe wurde 1990 zum 100. Geburtstag des hoch verehrten ersten Präsidenten eröffnet und präsentiert dank der Kreativität lokaler Künstler recht anschaulich dessen Lebensstationen vor dem Hintergrund der Weltgeschichte (tgl. 8–11.30 und außer Mo, Fr und Sa zusätzlich 14–16.30 Uhr).

Am Westsee

Der 538 ha große **Westsee** (Ho Tay) war ursprünglich ein Seitenarm des Roten Flusses und schon vor Jahrhunderten ein beliebtes Wohnviertel des Adels. Heute residieren hier kommunistische Parteikader und kapitalistische Neureiche Villa an Villa. Im Jahr 1620 wurde durch einen Damm der »See der Weißen Seide« (Ho Truc Bach) abgetrennt. Der Name erinnert an jene ungehorsamen Konkubinen, die im 18. Jh. hierher verbannt wurden und zu ihrem Lebensunterhalt weiße Seide weben mussten.

Am Südufer des Sees, an der Thanh Nien/Quan Thanh, liegt hinter schattigen Mangobäumen der ***Den Quan Thanh** Ⓡ. Als eines von vier Heiligtümern wurde der Tempel 1010 zum spirituellen Schutz der neuen Hauptstadt errichtet. Das Innere der 1893 erbauten Haupthalle wird von einer 4 m hohen Bronzestatue von Tran Vu dominiert, der als »Herrscher des Schwarzen Himmels« für die Bewachung des Nordens zuständig ist.

Nicht weit entfernt lohnt ein Besuch in der ***Chua Tran Quoc** Ⓢ, einem auf einer Halbinsel gelegenen Kloster. Seit 1615 residieren hier buddhistische Mönche. Ihre verstorbenen Mitbrüder ruhen auf einem seitlich gelegenen Friedhof mit schönen Grabstupas. Sehenswert sind die Altäre im Inneren mit einer Vielzahl von Figuren sowie ein Bodhi-Baum aus dem Jahr 1959 auf dem Vorplatz am See.

**Ethnologisches Museum Ⓣ

Etwa 7 km westlich des Zentrums illustriert an der breiten Nguyen Van Huyen ein zweistöckiger Rundbau das Leben der 54 Volksgruppen Vietnams. Anhand von Fotos, Videos, Alltagsgegenständen und nachgestellten Szenen gewährt es einen umfassenden

Einblick in die Sitten und Gebräuche der Menschen.

Im Freigelände können Besucher die Bautraditionen verschiedener ethnischer Minderheiten studieren, darunter ein über 100 Jahre altes vietnamesisches Wohnhaus, ein Langhaus der Ede und ein **Gemeindehaus der Bahnar** aus dem Zentralen Hochland mit dem sehr markanten Segeldach. Außerdem werden einige Grabstätten der Gia Rai gezeigt (Di–So 8.30–17.30 Uhr).

Info

Tourist Information Center
7 Dinh Tien Hoan
Tel. 04/39263366
Gute Informationsquelle für Fragen aller Art.

Anreise

Der **Noi Bai International Airport** befindet sich rund 45 km nördlich der Stadt. Die Taxi-Preise liegen einheitlich bei 10 $ für alle Ziele in der Innenstadt. Am günstigsten sind die Minibusse von Vietnam Airlines zwischen

Ho Chi Minh

Vom Matrosen zur politischen Ikone – Vietnams bekannteste Persönlichkeit weist einen ungewöhnlichen Lebensweg auf. Auch vier Jahrzehnte nach seinem Tod ist der Mann mit dem dünnen Bart überall präsent. Am 19. Mai 1890 im Dorf Hoang Tru bei Vinh als Nguyen Sinh Cung geboren, besuchte der Sohn eines konfuzianisch gebildeten Dorflehrers ein Elitegymnasium in Hue. 1911 verließ er das Land, verdingte sich für einige Jahre als Matrose und Küchengehilfe, um sich 1917 in Paris niederzulassen. Dort schloss er sich bald unter dem Namen Nguyen Ai Quoc, »Nguyen, der Patriot«, der kommunistischen Bewegung an und siedelte 1923 nach Moskau über, um als Funktionär der Kommunistischen Internationalen den letzten ideologischen Schliff zu bekommen. Im Auftrag der Komintern gründete der überzeugte Nationalist 1930 in Hongkong die Kommunistische Partei Vietnams. Anfang 1941 betrat er als Ho Chi Minh, »Ho, der nach Erleuchtung strebt«, erstmalig wieder heimatlichen Boden und gründete die »Liga für die Unabhängigkeit Vietnams«, bekannt als Viet Minh. 1942 von der nationalchinesischen Guomindang inhaftiert, schrieb der Revolutionär im Gefängnis sein berühmtes Tagebuch.

Nach der erfolgreichen Augustrevolution proklamierte er am 2. September 1945 in Hanoi die Unabhängigkeit des Landes und wurde erster Präsident der Demokratischen Republik Vietnam. Doch erst infolge des Sieges in Dien Bien Phu 1954 etablierten sich die Kommunisten endgültig in Hanoi, verfolgten aber die nächsten Jahre eine wirtschaftlich desaströse Enteignungspolitik. 1960 übernahm Ho Chi Minh auch das Amt des Generalsekretärs der Partei und avancierte während des Vietnamkrieges zur Symbolfigur für den antiimperialistischen Kampf. Das vereinigte Vietnam durfte er jedoch nicht mehr erleben. Er starb am 2. September 1969.

Terminal und Stadtbüro am Hoan-Kiem-See. Sie fahren vom Flughafen ab, wenn sie voll besetzt sind; vom Stadtbüro verkehren sie ab 5 Uhr halbstündlich oder stündlich, Tickets sollte man dort einen Tag vorher kaufen.

■ **Vietnam Airlines**
25 Trang Thi
Tel. 04/38320320

Reisebüros

■ **Haivenu**
12 Nguyen Trung Truc
Tel. 04/39272917
www.haivenu-vietnam.com

■ **Buffalo Tours**
94 Ma May, Hoan Kiem
Tel. 04/38280702
www.buffalotours.com

■ **Handspan Adventure Travel**
Tamarind Café
80 Ma May, Hoan Kiem
Tel. 04/39262828
www.handspan.com

Anbieter von Open Tours

■ **Sinh Tourist**
40 Luong Ngoc Quyen
Tel. 04/39261568
www.thesinhtourist.vn

■ **Kangaroo Café**
18 Bao Khanh
Tel. 04/38289931
www.kangaroocafe.com

Hotels

! Hanoi leidet unter Hotelengpässen, daher sollte man früh buchen!

■ **Hilton Hanoi Opera**
1 Le Thanh Tong
Tel. 04/39330500
www.hilton.de
Kolonialer Touch, aber neu und zentral. Hebt sich durch seine Farben und Einrichtung vom üblichen Hotel-Einerlei ab. ●●●

■ **Sofitel Métropole**
15 Ngo Quyen
Tel. 04/38266919
www.sofitel.com
262 stilvolle Zimmer. Wo einst Charlie Chaplin logierte, können Sie in kolonialem Luxus schwelgen. ●●●

■ **Zéphyr Hotel**
4 Ba Trieu
Tel. 04/39341256
www.zephyrhotel.com.vn
Tolles Designer-Hotel in der Nähe des Hoan-Kiem-Sees mit modernen Einrichtungen. ●●●

■ **Sunway**
19 Pham Dinh Ho
Tel. 04/39713888
www.sunwayhotels.com
Oberes Mittelklassehotel im Südosten der Stadt mit vernünftiger Ausstattung. ●●

■ **Church Hotel**
9 Nha Tho
Tel. 04/39288118
www.churchhotel.com.vn
Unweit der Kathedrale gelegenes Boutiquehotel mit 26 wohnlichen Zimmern. Sehr beliebt. ●●

■ **Hoa Binh Palace**
27 Hang Be
Tel. 04/39263646
www.hoabinhpalacehotel.vn
Gut geführtes Geschäftshotel nördlich der Altstadt. ●●

■ **Hong Ngoc Hotel**
30-34 Hang Manh
Tel. 04/38285053
www.hongngochotel.com
Stilvolle Zimmer, guter Service und zentrale Lage inmitten der Altstadt.

In der Nähe gibt es vier günstigere Ableger. ●●

Restaurants

■ **Verticale Restaurant**
19 Ngo Van So
Tel. 04/39446317
www.verticale-hanoi.com
Hanois Haute-Cuisine-Tempel in einer Villa aus den 1940er-Jahren unter der Obhut des Meisterkochs Didier Corlou. ●●●

■ **Cay Cau**
17 A Tran Hung Dao
Tel. 04/39331010
Das Restaurant mit erlesener vietnamesischer Küche in stilvollem Ambiente zu traditionellen Klängen verspricht einen schönen Abend. ●●●

■ **Wild Rice**
6 Ngo Thi Nham
Tel. 04/39438896
In dieser Villa verbindet sich modernes asiatisches Design mit hochwertigen Gerichten aus allen Landesteilen. ●●●

■ **Au Lac Café**
57 Ly Thai To
Tel. 04/38257807
Solide vietnamesische Küche in Kolonialvilla mit lauschigem Garten. Sehr beliebt. ●●

■ **Koto**
59 Van Mieu
Tel. 04/37470337
www.koto.com.au
Straßenkinder arbeiten hier als Köche und zaubern wunderbare westliche und asiatische Gerichte. Die Dachterrasse bietet schöne Ausblicke. ●●

■ **Moca Café**
14-16 Nha Tho
Tel. 04/38256334
Beliebtes Café und Restaurant im Trendviertel um die Kathedrale. ●●

■ **Cha Ca Thang Long**
31 Duong Thanh
Tel. 04/38245115
Einfache Traditionsgaststätte mit nur einer Spezialität: *cha ca*, gegartes mariniertes Fischfilet, gewürzt mit Dill, Kurkuma und Galgant. ●

Shopping

■ **Ipa Nima**
4 Han Thuyen
Tel. 04/39334000
www.ipa-nima.com
Schicke Taschen und andere Accessoires der Hongkong-Chinesin Christina Yu.

■ **Craft Link**
43 Van Mieu
Tel. 04/37336101
Kunsthandwerk und Webarbeiten der ethnischen Minderheiten.

■ **Minh Tam**
2 Hang Bong
Tel. 04/38289907
Eine der ersten Adressen für schöne Lackarbeiten.
Weitere Tipps zum Shopping in Hanoi › Special S. 41.

Nightlife

In Hanois Altstadt gibt es eine rührige Kneipenszene.
Zwei beliebte Adressen in der schmalen Ha Tien sind:

■ **Mao's Red Lounge**
7 Ha Tien
(benannt nach dem Eigentümer Mao)
Funky Buddha
2 Ha Tien.

Eine gute Adresse für Jazzfans ist:

■ **Minh's Jazz Club**
31 Luong Van Can
Tel. 04/38287890

Hier demonstrieren Altmeister Quyen Van Minh und seine Freunde ihre Improvisationskünste.

■ **Relax Bar**
60 Ly Thuong Kiet
Tel. 04/39424409
Der Name ist Programm – Bier und Snacks in entspannter Atmosphäre.

■ **Nutz Fun Pub**
Sheraton Hanoi Hotel, K 5 Nghi Tam, 11 Xuan Dieu
Tel. 04/37199000
In diese schicke Hotelbar zieht es Tanzfreunde am Wochenende.

Aktivitäten

■ **Ho Tay Lake Water Park**
614 Lac Long Quan
Der Freizeitpark am Nordufer des Westsees bietet viel Wasserspaß für die ganze Familie.

■ **Jewel of the Delta**
Buffalo Tours
Tel. 04/38280702
Offenes Boot für 12 Personen für Fahrten auf dem Roten Fluss.

Ausflüge ab Hanoi

Hanoi ist eingebettet in eine jahrtausendealte Kulturlandschaft. Auch wenn die Region ziemlich zersiedelt ist, lässt sich noch vielerorts das traditionelle Vietnam aufspüren. Dämme und Kanäle erinnern an die Mühen, den fruchtbaren Boden landwirtschaftlich zu nutzen. Viele Dörfer wirken mit ihren Hecken und Mauern wie Trutzburgen. Die Tempel und Klöster wiederum zeugen von der tiefen Verwurzelung von Religion und Tradition im Land.

Ganztagsausflug nach Westen

Eine interessante Tagestour führt von Hanoi gen Westen ins geschichtsträchtige Dorf Duong Lam, der Heimat von Helden und Heiligen. Von dort geht es weiter zu den berühmten buddhistischen Klöstern Chua Tay Phuong und Chua Thay. Am besten mieten Sie sich einen Wagen mit Fahrer und Guide.

*Duong Lam 2

In der Nähe von Son Tay, etwa 50 km nordwestlich von Hanoi, liegt die Gemeinde Duong Lam. Sie ist Heimat von zwei berühmten Helden, Phung Hung und Ngo Quyen, die beide erfolgreiche Rebellionen gegen die Chinesen anführten. Ihnen sind im Weiler **Cam Lam** unweit des Tich-Flusses Gedenktempel errichtet. Der Ortsteil **Mong Phu** ist vor allem deshalb interessant, weil hier viele, zum Teil mehrere Hundert Jahre alte Wohnhäuser unter Denkmalschutz stehen. Einige der durch hohe Lateritmauern geschützten Gebäude können besichtigt werden. Sehenswert ist auch der Dinh Mong Phu, eine 1638 erbaute Versammlungshalle.

Wenige Kilometer weiter, in Dong Sang, lohnt der Besuch der 1632 erbauten **Chua Mia**. Die berühmte Pagode birgt in ihrem Inneren 287 Figuren. Auch lohnt sich ein Abstecher zum **Dinh Day Tang,** nur 5 km nordwestlich von

Duong Lam. In der Versammlungshalle aus dem späten 16. Jh. sind die vielen Holzschnitzereien gut erhalten.

**Chua Tay Phuong 3

Im Kreis Thach That, 42 km westlich von Hanoi, liegt auf einem Hügel die »Pagode im Westlichen Land des Vollkommenen Glücks«. Ihre Ursprünge gehen auf das 11./12. Jh. zurück, ihre heutige Gestalt hat sie aber erst im 18. Jh. angenommen. Die gesamte Anlage ist von einer hohen Mauer umgeben. Der Grundriss des eigentlichen Tempels gleicht einem liegenden H. Besonders eindrucksvoll sind die geschwungenen zweistufigen Walmdächer. Es sind aber vor allem die über 60 Statuen in ihrem Inneren, welche die Chua Tay Phuong zu einem der bekanntesten Heiligtümer des Nordens werden ließen. Von großer Kunstfertigkeit zeugen im hinteren Tempelbereich die zehn streng dreinblickenden Höllenkönige und die lebensgroßen, sehr lebendig wirkenden Nachfolger Buddhas (La Han).

**Chua Thay 4

Etwa 10 km östlich der Chua Tay Phuong liegt im Distrikt Quoc Oai die »Pagode des Meisters«. Ihr Name bezieht sich auf den wundertätigen Mönch Tu Dao Hanh aus dem 12. Jh., der hier lebte und als Meister der Meditation, Magie und Heilkunde zu Berühmtheit gelangte. Zudem machte er das Wasserpuppentheater populär. Die Anlage ist besonders schön in die natürliche Umgebung eingebettet: Der 105 m hohe Karsthügel in ihrem Rücken wird als schützender Drache interpretiert, mit der Pagode als Kopf, dem abfallenden Hals, dem ansteigenden Körper und dem Schwanz auf der anderen Seite des Sees. Der Vorplatz des Tempels stellt dabei die Zunge dar, die beiden 1602 errichteten überdachten Holzbrücken sind die Augen des Drachen.

Die drei jeweils etwas erhöht hintereinander liegenden Hallen bergen zahlreiche Skulpturen.

Auf dem Weg zum Chua Huong

*Chua Huong 5

Ein weiterer Tagesausflug führt zum bedeutendsten Pilgerziel Nordvietnams, der 60 km südlich von Hanoi gelegenen »Parfümpagode«. Der Name ist irreführrend, denn es handelt sich nicht um ein einzelnes Heiligtum, sondern um mehrere Tempel und Grotten rund um den 381 m hohen »Berg der Wohlriechenden Spur«, Huong Tich Son. Zwischen Februar und April ist Pilgersaison. Ausgangspunkt ist das Dorf **Ben Duc** am schmalen Yen-Fluss, wo zahlreiche Bootsführerinnen um Kundschaft buhlen. Halb rudernd, halb Souvenirs verkaufend, befördern sie ihre Passagiere in einer knappen Stunde durch eine pittoreske Karstlandschaft.

An der Hauptanlegestelle Ben Tro können Sie einen Blick in die **Chua Thien Tru** werfen, bevor es über einen mühsamen Pfad zum Grottenheiligtum **Hang Huong Tich** geht. Der 2 km lange Weg ist teilweise steil und bei feuchtem Wetter glitschig. Festes Schuhwerk und eine gute Kondition sind daher erforderlich. Alternativ können Sie sich per 1200 m langer Kabinenseilbahn in die Höhe bringen lassen. Die Landschaft ist zauberhaft, die Grotte dagegen weniger.

Handwerksdörfer und die **Chua But Thap

Eine weitere abwechslungsreiche Tagestour führt ins östliche Umland Hanois. Erste Station ist das 13 km von Hanoi entfernte Keramikdorf **Bat Trang** 6 am Ostufer des Roten Flusses. Schon im 12. Jh. wurde der helle Lehmboden für die Herstellung von Keramik verwendet. Technik und Design stammen aus dem südchinesischen Guangdong. Heute reiht sich ein Laden mit Bergen von weißblauem Keramikgeschirr neben den anderen.

Im Ort Phu Thuy biegt eine Landstraße von der Nationalstraße 5 in Richtung Norden ab und führt an Reisfeldern und Gräbern vorbei. Bei dem Dorf Dinh To liegt unweit des eingedeichten Duong-Flusses die **Chua But Thap** 7. Von Weitem eher unscheinbar, birgt die 1646/47 für zwei chinesische Mönche errichtete »Pagode des Pinselturms« in ihren Hallen hervorragende Figuren, allen voran die 2,40 m große Holzskulptur der Göttin der Barmherzigkeit von 1656. Eine Steinbrücke führt zu einer Halle mit einer fast 8 m hohen Gebetsmühle, der letzten dieser Art in Vietnam. Die Grabstupas der beiden chinesischen Mönche befinden sich außerhalb der ummauerten Anlage.

Von der Chua But Thap ist es nicht weit bis zum Künstlerdorf **Dong Ho** 8, das aufgrund der hier gefertigten Neujahrsbilder landesweit bekannt ist. Dabei handelt es sich um kolorierte Holzschnitte mit Glücksmotiven wie kugelrunde Schweine und prächtige Fische. Heute produzieren die Familienbetriebe vorwiegend Opfergaben aus Papier.

Co Loa 9

Nur für besonders Geschichtsinteressierte lohnt der Ausflug nach Co Loa, gut 20 km nördlich von Hanoi. Der Ort war im 3. Jh. v. Chr. Hauptstadt des ersten vietnamesischen Reiches Au Lac. Drei

Karte Seite 48

Keinesfalls versäumen sollte man eine Bootsfahrt in der Ha-Long-Bucht

der Landschaft angepasste ovale Wälle umgaben die Siedlung und sind von einem Dorftor aus noch zu erahnen. Sehenswert sind mehrere Sakralbauten, darunter der **Den An Duong** zu Ehren des Reichsgründers, sowie das in der Nähe liegende Gemeinschaftshaus **Dinh Ngu** und hinter einem riesigen Banyanbaum der winzige **Den My Chau** zum Gedenken an eine Königstochter.

2 ***Ha-Long-Bucht 10

Keine Landschaft wird so mit Vietnam identifiziert wie die **Ha-Long-Bucht**. Fast 2000 Inseln liegen in einem 1553 km² großen Gebiet an der Grenze zu China verstreut und wirken wie eine Ode der Natur aus Fels und Meer. Ein Teil davon ist UNESCO-Welterbe. Eine Drachenmutter sei hier mit ihren Kindern vom Himmel niedergegangen, erzählt die Legende, um mit ausgespuckten Perlen chinesische Eindringlinge zu vertreiben. Die Perlen versteinerten zu Inseln, den heutigen Karstkegeln. Der Ort, wo die Mutter landete, war Ha Long (»herabsteigender Drache«), der Landeplatz ihrer Kinder die benachbarte Bucht **Bai Tu Long** (»beteiligte Drachen-Kinder«).

Die Wissenschaft hat allerdings eine ganz andere Erklärung für die Entstehung dieser Landschaft, nämlich Verkarstung. Denn hier lag einst ein Urmeer, dessen Grund von Muschelkalkablagerungen bedeckt war. Als der Meeresboden vor etwa 30–50 Mio. Jahren angehoben und trockengelegt wurde, begann aufgrund hoher Temperaturen und Luftfeuchtigkeit ein Verkarstungsprozess. Der Grund wurde löchrig wie ein Schweizer Käse und begann immer weiter zu verwit-

Spektakuläre Höhlen in der Ha-Long-Bucht

tern – bis eine Landschaft mit zahllosen bizarren Karstkegeln entstand, die seit der letzten Eiszeit vor 30 000–40 000 Jahren von Meeresfluten umspült werden.

Ha-Long-Stadt 11

Ausgangspunkt für die halb- oder mehrtägigen Touren sind die Anlegestellen im Stadtteil **Bai Chay**, an dessen Berghang und Uferpromenade sich viele Hotels und Restaurants verstreuen. Die vorgelagerte Insel **Tuan Chau** hat sich mit Hotels, einem Freizeitpark und einem künstlich aufgeschütteten Strand ganz dem Tourismus verschrieben. Jenseits einer Meerenge liegt das über eine Brücke mit Bai Chay verbundene **Hong Gai**. Dieser Stadtteil bietet außer dem lebendigen Markt und einem **Kloster am Fuß des Nui Bai Tho mit toller Aussicht** kaum Sehenswürdigkeiten. Von seinem Hafen wird die im Tagebau gewonnene Steinkohle verschifft.

Bootsausflüge in der Bucht

Die Touren in der Bucht können am Pier gebucht werden und verlaufen auf festgelegten Routen. Sie beinhalten den Halt bei einer Insel, wo bunt beleuchtete Tropfsteinhöhlen und Grotten besichtigt werden können – etwa auf Dau Go oder Bo Hon. Arrangieren Sie den Ausflug (einschließlich Transfer von Hanoi) besser vorab über einen erfahrenen Veranstalter.

Naturliebhaber können die **Ha-Long-Bucht auch per Seekajak erkunden.** Sie paddeln durch die Insellandschaft, in nur bei Ebbe zugängliche Höhlen und kommen bei mehrtägigen Touren auch in sehr abgelegene Gegenden.

Veranstalter für Boots- und Kajaktouren › S. 67 (Aktivitäten).

Info

Tourist Wharf
Bai Chay
Tel. 033/3847481
www.halong.org.vn
Buchung von Ausflugsbooten.

Hotels

■ **Mithrin Hotel**
Hung Thang

Tel. 033/3848090
www.mithrinhotelhalong.com.vn
Schickes Hotelhochhaus mit 88 Zimmern. »Bay View Bar« mit Ausblick. ●●●

- **Grand Halong Hotel**

Bai Chay, Tel. 033/3846780
www.grandhalonghotel.com.vn
4-Sterne-Hotel mit 117 Zimmern und schönem Pool. ●●●

- **Ha Long Plaza**

8 Bai Chay
Tel. 033/3845810
www.halongplaza.com
Das große Hotel mit 200 Zimmern und Suiten bietet einen schönen Blick auf die Bucht sowie vier Restaurants und eine Disco. ●●

Restaurants

Jede Menge einfacher **Seafood-Lokale** reihen sich an der Uferstraße unweit der Post. Empfehlenswert ist das **Emeraude Café** im Royal Park Resort (gegenüber dem Heritage Hotel).

Aktivitäten

Folgende Veranstalter bieten komfortable Bootstouren an:

- **Emeraude Classic Cruises**

Press Club
59 A Ly Thai To
Hanoi, Tel. 04/39340888
www.emeraude-cruises.com

- **Bhaya Cruises**

99 Ba Trieu, Hanoi
Tel. 04/39446777
www.bhayacruises.com
Zwei Adressen für Ausflüge mit dem Seekajak:

- **Inserimex Travel**

90 A Hai Ba Trung, Hanoi,
Tel. 04/39364600
www.inserimextravel.com.vn

- **Buffalo Tours**

94 Ma May, Hanoi, Tel. 04/38280702
www.buffalotours.com

Hai Phong 12

Ein Besuch der 75 km südlich von Ha Long gelegenen, von den meisten Touristen links liegen gelassenen Hafenstadt lohnt sich insbesondere in Verbindung mit einer Bootsfahrt zum Cat-Ba-Archipel.

Die Franzosen bauten die Stadt am Verbotenen Fluss (Song Cua Cam) nach ihrer offiziellen Gründung 1888 zum typischen Kolonialhafen aus, um ihre geliebten Citroëns und Bordeauxweine ein- sowie Kohle, Holz und andere Rohstoffe auszuführen. Der Hafen war häufig Ziel französischer und amerikanischer Bomben. Heute ist Hai Phong mit etwa 750 000 Einwohnern Vietnams viertgrößte Stadt, hat sich aber im Zentrum noch etwas kolonialen Charme bewahrt. Sehr sehenswert ist der **Blumenmarkt** gegenüber der cremefarbenen **Oper** von 1904. Zu den schönsten Versammlungshäusern der Region zählt der **Dinh Hang Kenh** (1856) mit hervorragenden Schnitzarbeiten im Inneren und die **Chua Du Hang** (17. Jh.), eine lebendige Klosteranlage mit vielen Figuren im Inneren und im Garten.

Hotel

Harbour View
4 Tran Phu
Tel. 031/3827827
www.harbourviewvietnam.com

Äußerst stilvolle Unterkunft am Rande des Zentrums. Internationale Küche. ●●

**Cat Ba 13

Mit dem täglichen Schnellboot gelangt man in nur anderthalb Stunden zum Cat-Ba-Archipel. Ein Teil der Hauptinsel ist zum **Nationalpark** erklärt worden und Lebensraum seltener Bäume und Tiere, darunter der nur hier heimische Goldkopflangur.

Durch das Schutzgebiet führen mehrere Wanderwege. An der Südküste liegt der Hauptort mit zahlreichen Minihotels und Restaurants.

Hotel

Catba Island Resort & Spa
Cat Co 1 Beach
Tel. 031/3688686
www.catbaislandresort-spa.com
Das Resort liegt auf einem Felsrücken direkt am Strand und bietet 112 Zimmer und Suiten. ●●●

Ninh Binh 14

Falls Sie von Ha Long (257 km) oder Hai Phong (197 km) auf der Nationalstraße 10 nach Ninh Binh fahren, lohnt sich ein **Stopp bei Nam Dinh,** um die buddhistische **Chua Pho Minh** aus dem Jahr 1262 und den **Den Tran** zum Gedenken an die Tran-Dynastie zu besuchen.

Echt gut!

Außerdem bietet sich ein Abstecher zur **Chua Keo** (17. Jh.) mit ihrem berühmten Glockenturm aus Holz an. Sie liegt etwa 10 km südlich von Thai Binh im Vi-Tien-Distrikt am Fuß eines Deiches.

Die Provinzstadt **Ninh Binh** selbst liegt knapp 100 km südlich von Hanoi. Der 120 000-Einwohner-Stadt fehlt es an jeglichem Charme, da gesichtslose Bauten das einst kriegszerstörte Stadtbild dominieren. Dafür eignet sie sich als Ausgangspunkt für mehrere Sehenswürdigkeiten in der Umgebung: den Dom von Phat Diem, ein Juwel sakraler Baukunst, und den waldreichen Cuc-Phuong-Nationalpark mit seiner vielfältigen Flora. In unmittelbarer Nachbarschaft liegt die Trockene Ha-Long-Bucht mit ihren verträumt wirkenden Karstbergen inmitten der Reisfelder.

Anreise

Ninh Binh liegt an der Bahnstrecke Hanoi–Ho-Chi-Minh-Stadt; täglich bestehen mehrere Verbindungen in beide Richtungen. Mit dem Auto sind Sie über die Nationalstraße 1 von Hanoi aus je nach Verkehr 2–3 Std. unterwegs.

Hotels

■ **Thuy Anh Hotel**
55 A Truong Han Sieu
Tel. 030/3871602
www.thuyanhhotel.com
Sympathisches Stadthotel mit sauberen, komfortablen Zimmern. Der Roof Top Garden bietet schöne Ausblicke auf die Stadt. ●–●●

■ **Non Nuoc Hotel**
4 Dong Thanh
Tel. 030/3897878
nonnuochotel@yahoo.com.vn

Die Trockene Ha-Long-Bucht, bizarre Karsthügel zwischen Reisfeldern

Das 2-Sterne-Hotel hat 39 große, für den Preis akzeptable Zimmer. Im Restaurant wird die lokale Spezialität *thit de*, Ziegenfleisch, angeboten. ●

3 **Trockene Ha-Long-Bucht 15

Nur 12 km nordwestlich von Ninh Binh liegt die einstige Königsstadt **Hoa Lu** inmitten einer Karstlandschaft, die aufgrund ihrer Größe und Schönheit »Trockene Ha-Long-Bucht« genannt wird. Leider weiß auch die Zementindustrie deren Vorzüge zu schätzen und frisst sich stetig durch die Kalksteinhügel.

Dass von hier aus im 10. Jh. die Herrscher der Dinh- und Frühen Le-Dynastien das »Reich der Großen Viet« (Dai Co Viet) lenkten, ist dem ländlichen Ort mit den sattgrünen Reisfeldern und bizarren Erhebungen nicht anzusehen. Eine überdachte Ausgrabungsstätte birgt die wenigen Fundamentreste des vermuteten Palastes. Ansonsten vermitteln nur zwei Gedenktempel aus dem 17. Jh. einen Hauch von monarchischem Glanz: der Den Tho Vua Dinh Tien Hoang mit Statuen des Königs und dessen Sohn sowie einen Steinwurf entfernt der ähnlich gestaltete Den Le Dai Hanh. Ein schöner Panoramablick eröffnet sich vom nahen »Sattelberg«, **Nui Ma Yen**.

Von einem Weiler bei Ninh Hai, 7 km südwestlich von Ninh Binh, können Sie sich mit geflochtenen Ruderbooten entlang des flachen Ngo-Dong-Flusses an Reisfeldern und Karstbergen vorbei rudern lassen. Die insgesamt zwei- bis dreistündige Fahrt führt durch drei Höhlen, **Tam Coc** genannt, hinter denen hartnäckig-freundliche Souvenirverkäuferinnen lauern.

Nur 2 km von Ninh Hai entfernt bietet sich der Besuch der wunderschön gelegenen **Chua Bich Dong** (17. Jh.) an. Die Klostergebäude schmiegen sich hinter einem Lotosteich auf drei Ebenen an den Berg Nga Nhac Son. Von oben eröffnet sich ein wunderbarer Ausblick.

! Starten Sie früh nach Tam Coc, um den Tagestouristen aus Hanoi zuvorzukommen. Ins Handgepäck sollten Sonnen- oder Regenschutz.

Echt gut! Am schönsten lässt sich **die Trockene Ha-Long-Bucht mit dem Fahrrad erkunden.** Die gut 30 km lange Rundtour führt von Ninh Binh in Richtung Nordwesten nach Hoa Lu. Von dort verläuft eine schmale Teerstraße durch eine idyllische Karstlandschaft gen Süden, bis sie nach etwa 12 km in die breite Zufahrtsstraße nach Van Lam mündet, wo die Bootstouren nach Tam Coc starten. Diese breite Straße müssen Sie zurück bis zur N1A fahren und sich dann nach Norden in Richtung Ninh Binh wenden. Fahrräder werden in den meisten Unterkünften verliehen.

**Phat Diem 16

In Kim Son, 28 km südöstlich von Ninh Binh, hat sich der Priester Père Six (eigentlich Tran Luc) mit dem Dom von Phat Diem seinen Lebenstraum erfüllt. Die Straße führt durch eine »holländisch anmutende Landschaft, wo junge grüne Reissprösslinge und goldene Erntefelder den Platz der Tulpen einnehmen und Kirchen jenen der Windmühlen …«, wie Graham Greene in seinem Roman »Der stille Amerikaner« schrieb. In der Tat konzentrieren sich in den Dörfern der weiten Ebene viele Gotteshäuser, denn nach der Urbarmachung des meernahen Marschlandes im 19. Jh. ließen sich hier vorwiegend Katholiken nieder. Nach der Teilung Vietnams 1954 flohen die meisten von ihnen in den Süden.

Der gewaltige Komplex mit einer Haupt- und vier Nebenkirchen ist eine architektonische Symphonie aus europäischen und asiatischen Stilelementen. 1891 fand die feierliche Einweihung statt, 1933 wurde hier der erste Vietnamese zum Bischof geweiht. Im ersten Indochinakrieg und 1972 nach einem amerikanischen Bombenangriff stark beschädigt, erstrahlt Phat Diem heute wieder in altem Glanz.

Eine große, in einem See stehende Jesusstatue, flankiert von Petrus und Paulus, empfängt die Besucher. Dahinter erhebt sich der massive, 25 m hohe Glockenturm. Nur wenige Schritte weiter fand Père Six seine letzte Ruhestätte. Herzstück ist die Hauptkirche mit einem fünfteiligen Portal aus massiven Steinquadern sowie beweglichen Seitenwänden aus Holz. Den Altarraum beherrscht ein steinerner Hochaltar mit einer Marienfigur und den Bildnissen vietnamesischer Märtyrer. (Unregelmäßig geöffnet.)

**Cuc-Phuong-Nationalpark 17

Das 225 km² große Schutzgebiet erstreckt sich etwa 45 km nordwestlich von Ninh Binh entlang eines schmalen, von bewaldeten Karstbergen eingerahmten Tals. Bereits 1962 wurde die Region aufgrund ihrer Artenvielfalt zum Nationalpark erklärt – dem ersten des Landes. Bislang wurden über 2000 Pflanzen- und 300 Vogelarten identifiziert. Unter den Säugetieren sind die Asiatischen Schwarzbären, die Nebelparder und die erst 1991 wieder entdeckten Delacour-Languren besonders gefährdet.

Die **Wanderwege** des Parks sind ganzjährig begehbar und führen durch wunderschöne Regenwälder mit einigen uralten Baumriesen. Während in den Monaten Februar und März viele Blumen erblühen, sind im März und April Abertausende von Schmetterlingen zu bewundern. (Tgl. 8–16.30 Uhr.)

Vor dem Parkeingang befindet sich das renommierte **Endangered Primate Rescue Center,** in dem seit 1993 mit Unterstützung der Zoologischen Gesellschaft Frankfurt bedrohte Primaten aufgepäppelt werden. Eine Besichtigung ist möglich. Nähere Infos unter: www.primatecenter.org.

Info

Das **Besucherzentrum** am Parkeingang bietet Übernachtungen im Gästehaus. Tel. 030/3848006, www.cucphuongtourism.com.

Das Bergland im Nordwesten

Bunt gekleidete Volksgruppen, einfache Bergdörfer, reißende Flüsse und sanfte Reisfelder – der Nordwesten zählt zu den schönsten Landstrichen Vietnams. Zerklüftete Berge, tiefe Täler und fruchtbare Ebenen bestimmen eine Region, die fast doppelt so groß ist wie die Schweiz. Von Hanoi aus lässt sich das Gebiet je nach Zeit per Auto, Flugzeug oder Zug erkunden.

Hoa Binh 18

Bereits im Rahmen eines Tagesausflugs nach Hoa Binh kann man einen kleinen Eindruck von der Region bekommen. Die »Stadt des Friedens« liegt nur etwa 75 km südwestlich von Hanoi in der fruchtbaren Ebene des Schwarzen Flusses (Song Da), der von hier an auf 230 km Länge aufgestaut ist. Die 128 m hohe **Talsperre** zählt ebenso zu den Attraktionen wie einige Dörfer der Muong und Tay im Umland.

**Mai Chau 19

Landschaftlich wesentlich interessanter ist Mai Chau, das etwa 60 km weiter in einem von Karstbergen eingerahmten Tal in 400 m Höhe liegt. Auf dem Weg dorthin

Das landschaftlich reizvolle Tal von Mai Chau

muss man den 1200 m hoch gelegenen Cun-Pass überwinden. Rund um den Marktflecken leben unterschiedliche Volksgruppen, darunter Weiße Thai, Hmong und Dao. Echt gut! **Hauptattraktion von Mai Chau ist der Sonntagsmarkt.** In der Umgebung bieten sich einige Wanderungen an. Schon sehr touristisch ist das nur 1 km westlich von Mai Chau gelegene Dorf der Weißen Thai, **Ban Lac**.

Hotel

Mai Chau Lodge
Mai Chau
Tel. 0218/3868959
www.maichaulodge.com
Stilvolle Anlage mit 16 Zimmern, eingebettet in eine wunderschöne Landschaft bei Mai Chau. Arrangiert auch Ausflüge. ●●

*Dien Bien Phu 20

Die Provinzhauptstadt am Nam-Ron-Fluss ist zum Synonym für den Sieg gegen die französische Kolonialmacht geworden. Während die 30 000 Einwohner sich v.a. für den grenznahen Handel mit Laos interessieren, zieht es Besucher zu den Schauplätzen der 55 Tage dauernden Schlacht von 1954. Gegenüber dem informativen **Museum** liegen der strategische **Hügel A 1** und ein **Soldatenfriedhof**. Auf der anderen Flussseite kann man den teils rekonstruierten **Bunker de Castries** besichtigen, benannt nach dem Befehlshaber der französischen Armee. Die 300 km lange Straße nach Sa Pa zählt zu den landschaftlich schönsten der Region. Unterwegs empfiehlt sich eine Übernachtung in Muong Lay.

Anreise

Der Flughafen liegt 3 km westlich der Stadt (Taxi). Tägliche Flugverbindungen nach Hanoi.

Hotel

Muong Thanh Hotel
25 Pho 1
Tel. 0230/3810043, 3810713
Gut geführtes Hotel mit 60 Zimmern. Spezialität im Restaurant: Wildschwein. ●●

4 **Sa Pa 21

Das im Schnitt 1560 m hoch gelegene Sa Pa, 376 km nordwestlich von Hanoi, ist heute ein alpiner Rummelplatz, wo Angehörige der Schwarzen Hmong und Roten Dao mit Touristen um billigen Ethnokitsch feilschen. Als die Franzosen hier am Fuß des 3143 m hohen Fan Si Pan 1922 die »Stadt des Sandes« gründeten, umwehte Sa Pa mit seiner Kirche und den vielen Villen ein Hauch altes Europa. Dieses koloniale Ambiente ist weitgehend verschwunden. Auch der einst berühmte »Liebesmarkt«, wo junge Männer aus den umliegenden Bergen samstags auf Brautschau gingen, ist heute nicht viel mehr als ein Souvenirmarkt.

Von großem Reiz sind jedoch die zahlreichen Wandermöglichkeiten in der Umgebung, etwa zu den nahe gelegenen Hmong-Dörfern **Cat Cat** und **Sin Chai** oder ins 9 km entfernte **Ta Van**. Die anspruchsvollste Tour (3 bis 4 Tage) führt auf den **Fan Si Pan**. Man braucht keine Kletterausrüstung, aber feste Schuhe, eine gute Kondition und einen Guide. Informieren Sie sich über die Termine der Märkte im Umland.

!! Ein Drittel des Jahres zeigt sich Sa Pa kalt und wolkenverhangen. Warme regenfeste Kleidung sollte unbedingt ins Gepäck.

Info

Tourist Information Center
28 Cau May
Infos und Pläne für Ausflüge um Sa Pa.

Anreise

Tgl. verkehren Züge von Hanoi nach Lao Cai (ca. 10 Std.), nostalgisch-komfortabel **mit dem Victoria Express Train.** Minibus von Lao Cai nach Sa Pa ca. 1 Std. Fast alle Hotels organisieren aber diesen Transfer, wenn man im Voraus bucht.

Echt gut!

Hotels

■ **Victoria Sapa Resort**
Tel. 020/3871522
www.victoriahotels-asia.com
Das beste Hotel am Ort präsentiert sich im Chalet-Stil, mit überdachtem Pool und Spa. ●●●

■ **Topas Ecolodge**
Ban Ho
Tel. 020/3871331
www.topasecolodge.com
Schön gelegenes und komfortables Resort, 15 km von Sa Pa. ●●●

Restaurants

■ **Viet Emotion**
27 Cau May
Tel. 020/3872559
Das Lokal hebt mit seinen Spezialitäten wie Fisch mit Reis und Gemüse im Bambusrohr in der Tat die Gefühlslage. ●●

■ **Baguette & Chocolat**
Thac Bac
Tel. 020/3871766
Gute Croissants, leckere Kuchen und duftender Kaffee. ●●

Zentral-Vietnam

Nicht verpassen!

- Durch Hues Gartenstadt Kim Long spazieren
- Sich in Hoi An in die Geheimnisse der vietnamesischen Küche einweihen lassen
- Am Strand von Cua Dai an einem Stand frisches Seafood schlemmen
- Mit Schnorchel oder Taucherausrüstung die Unterwasserwelt rund um die Cham-Insel erkunden

Zur Orientierung

Geschichtsträchtige Stätten, schöne Landschaften und einladende Strände – all das können Sie ohne großen zeitlichen Aufwand und auf vielfältige Weise in Zentral-Vietnam kombinieren.

Relativ nah beieinander liegen gleich vier UNESCO-Welterbestätten: Der **Phong-Nha-Ke-Bang-Nationalpark** bei Dong Hoi, der Teil einer der größten zusammenhängenden Karstwälder Asiens ist; die Paläste und Mausoleen der letzten Königsstadt **Hue;** der einstige Welthafen **Hoi An** mit einem kompakten Stadtkern und zahlreichen chinesishen Versammlungshallen; und die Ruinenstätte **My Son,** über tausend Jahre religiöses Zentrum der Cham. Nur wenige Kilometer von Hoi An erstreckt sich der **Cua-Dai-Strand.** Vor der hiesigen Küste lädt die **Cham-Insel** zum Baden oder Tauchen ein.

Landschaftlicher Höhepunkt ist sicherlich der **Wolkenpass.** Nur wenig südlich der Großstadt **Da Nang** bietet sich der einige Kilometer entfernte **China Beach** für ein paar erholsame Badetage an. Ebenfalls südlich von Da Nang erheben sich fünf grüne Hügel: die wie überdimensionale Höcker aus der Ebene aufragenden **Marmorberge** mit einigen Höhlentempeln.

Weltkulturerbe: Die letzte Königsstadt Hue

Je südlicher Sie kommen, desto tropischer zeigt sich die Landschaft. Kokospalmen wiegen sich im Wind, kleine Buchten laden zum Verweilen ein, wie etwa in **Sa Huynh.** Der Strand verfügt jedoch über keine guten Hotels. Im Gegensatz zu **Qui Nhon**: Diese wirtschaftlich wichtige Hafenstadt eignet sich als Übernachtungsstopp auf der Weiterfahrt nach Süden und bietet einige Cham-Tempel.

Touren in der Region

Über den Wolkenpass

5 Hue › Lang Co › Wolkenpass › Da Nang › Hoi An

Länge: 135 km
Dauer: 1 Tag
Praktische Hinweise: Für die individuellen Abstecher ist ein Wagen mit Fahrer sinnvoll. Falls Sie mit einem Open-Tour-Bus fahren, sollten Sie wissen, dass fast alle Anbieter aus Zeitgründen den Hai-Van-Tunnel nutzen, anstatt über den Wolkenpass zu fahren.

Die Straße von ***Hue › S. 79 über den *Wolkenpass › S. 87 nach ***Hoi An › S. 89 zählt mit den herrlichen Ausblicken auf Meer und Lagunen zu den landschaftlich schönsten Strecken

Zentral-Vietnams. Zwar ist sie mit dem Auto in nur vier Stunden zu bewältigen, Sie können die Fahrt aber auch zu einer interessanten Tagestour ausweiten, indem Sie einen Abstecher zum dicht bewaldeten **Bach-Ma-Nationalpark ›** S. 86 einbauen, in **Da Nang ›** S. 87 neben dem **Cham-Museum auch die Stadt besichtigen oder die tempelreichen ***Marmorberge ›** S. 88 erkunden. Auf jeden Fall lohnt sich in ***Lang Co ›** S. 87 am Fuß des Wolkenpasses ein ausgiebiger Halt zum Seafood-Schlemmen.

Die Küste entlang

6 Hoi An › Quang Ngai (My Lai) › Sa Huynh › Qui Nhon

Länge: 270 km
Dauer: 1 Tag
Praktische Hinweise: Eine günstige Reisevariante ist auch hier der Open-Tour-Bus. Für Ihre individuellen Ausflüge empfiehlt sich jedoch ein Wagen mit Fahrer.

Die Nationalstraße 1A verläuft südlich von Hoi An vorwiegend entlang der Küste, vorbei an traumhaft schönen Buchten und über einige Pässe. Unterwegs können Sie das Cham-Heiligtum **Chien Dan ›** S. 94 besichtigen oder einen Abstecher zum Dorf **Son My (My Lai) ›** S. 94 unternehmen, das im Vietnamkrieg traurige Berühmtheit erlangte. Zudem lädt der schöne Strand von **Sa Huynh ›** S. 95 zu einem

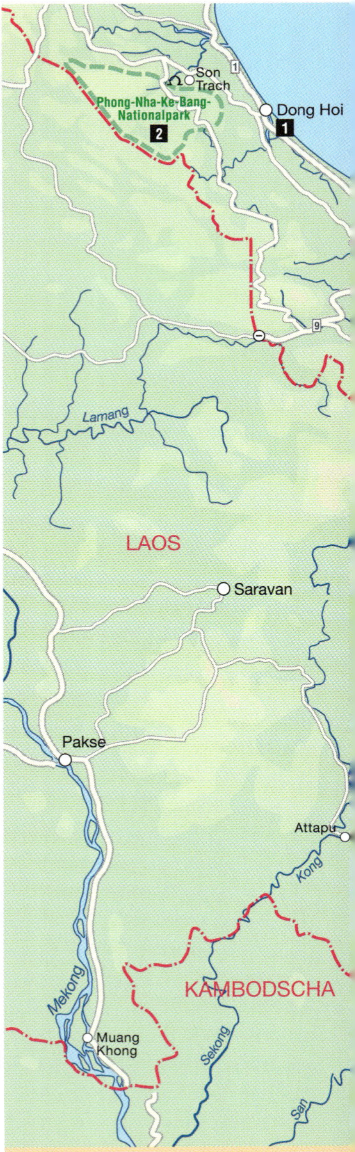

5 Über den Wolkenpass
Hue › Lang Co › Wolkenpass › Da Nang › Hoi An

6 Die zentrale Küste
Hoi An › Quang Ngai (My Lai) › Sa Huynh › Qui Nhon

Sprung ins Meer oder einem ausgiebigen Seafood-Mahl ein. Die Hafenstadt **Qui Nhon** › S. 95 bietet sich für ein paar ruhige Strandtage und den Besuch weiterer Cham-Türme an.

Verkehrsmittel

Hue, Da Nang und Qui Nhon verfügen über Flughäfen und werden täglich von Maschinen aus Hanoi und/oder Ho-Chi-Minh-Stadt angeflogen. Zudem liegen sie an der Hauptbahnlinie und sind Haltepunkte aller Züge zwischen Nord und Süd.

Die beliebten Open-Tour-Busse verkehren zwischen Hue, Da Nang und Hoi An mit Weiterfahrtmöglichkeiten nach Qui Nhon und Nha Trang.

Unterwegs in Zentral-Vietnam

Dong Hoi 1

Bislang ist die Hafenstadt **Dong Hoi** (130 000 Einwohner) noch selten auf den Reiserouten zu finden. Doch die Hauptstadt der Provinz Quang Binh, die sich recht harmonisch zwischen der Mündung des Nhat Le-Flusses und dem Meer ausbreitet, bietet zwischen Mai und September **am stadtnahen Strand gute Bademöglichkeiten.** Und sie ist Ausgangspunkt für den Besuch des 55 km nordwestlich gelegenen Phong-Nha-Ke-Bang-Nationalparks, eines UNESCO-Welterbes.

Echt gut!

Anreise

Dong Hoi liegt an der Nord-Süd-Bahnlinie, 486 km südlich von Hanoi (9–10 Std.) und 172 km nördlich von Hue (3 Std.). Tipp: Am besten nehmen Sie den Nachtzug aus Hanoi. Die Open-Tour-Busse zwischen Hanoi und Hue halten auf Wunsch ebenfalls in Dong Hoi.

Hotels

■ **Sun Spa Resort**
My Canh, Bao Ninh
Tel. 052/3842999
www.sunsparesortvietnam.com
Großes Resort direkt am Meer mit Spa und Pool. ●●–●●●

■ **Saigon Quang Binh Hotel**
20 Quach Xuan Ky
Tel. 052/3822276
www.sgquangbinhtourist.com.vn
Solides Businesshotel an der Flusspromenade. ●●

***Phong-Nha-Ke-Bang-Nationalpark 2

Seit das 858 km² große Schutzgebiet 2003 von der UNESCO in die Welterbeliste aufgenommen wurde, steigt die Besucherzahl kontinuierlich. Es ist Teil eines der größten und mit 400 Mio. Jahren auch ältesten Karstwaldgebiete Asiens und erstreckt sich bis an die laotische Grenze. Eine herausragende Bedeutung hat der Nationalpark wegen seiner wenig erforschten Flora und Fauna mit vielen endemischen Arten, allen voran den Hatinh-Languren, einer seltenen Primatenart, Saola-Rindern und Riesenmuntjaks. Letztere wurden erst in den 1990er-Jahren entdeckt. Über 25% der bislang 2500 identifizierten Pflanzenarten haben Seltenheitswert. Für den Tourismus wird der Park langsam zugänglich gemacht – demnächst sollen Wanderwege angelegt werden.

Derzeitige Hauptattraktion ist die **Phong-Nha-Höhle**, die über das Dorf Son Trach gut zu erreichen ist. Bislang wurde sie auf über 44 km erforscht. In ihrem Inneren windet sich der Son-Fluss und tritt einige Kilometer vor Son Trach ans Tageslicht. Touristen können **den letzten halben Kilometer mit schmalen Booten befahren.**

In unmittelbarer Nähe zum Höhleneingang liegt etwas erhöht die 980 m lange »Himmelsberghöhle«, **Hang Tien Son.** Insgesamt müssen Sie für Bootsfahrt und Höhlenbesichtigung drei bis vier Stunden rechnen.

Info

Das **Besucherzentrum** (tgl. 7 bis 16.30 Uhr) mit der Bootsanlegestelle befindet sich im Dorf Son Trach.

Hotel

Saigon Phong Nha Hotel
Son Trach, Bo-Trach-Distrikt
Tel. 052/3675016
Minihotel direkt am Fluss mit sauberen Zimmern. ●

5 ***Hue 3

Drachenboote auf dem Fluss der Wohlgerüche, höfische Tänzer im Königlichen Theater, Restaurants im Stil alter Paläste – die untergegangene Monarchie ist heute lebendiger denn je. Vietnams letzte Königsstadt hat sich ganz ihrer glanzvollen Vergangenheit verschrieben, Krieg und sozialistische Tristesse sind passé. Seit die UNESCO Paläste und Königsgräber 1993 in die Welterbeliste aufgenommen hat, wird fleißig restauriert und (zuweilen recht willkürlich) rekonstruiert. Noch wirkt Hue an vielen Stellen morbide und marode, und die alljährlichen Niederschläge von über 3000 mm setzen Gemäuern und Gemütern zuweilen heftig zu, aber das tut dem Charme dieser Stadt keinen Abbruch.

Geschichte

Bis zum Jahr 1306 siedelten hier die Cham. Dann trat deren König den Küstenstreifen an das vietnamesische Reich ab, um im Gegenzug eine Tochter des dortigen Herrschers zu ehelichen. Fatalerweise starb der Cham-Regent bereits ein Jahr nach der Hochzeit. Seine Frau kehrte zurück, das Gebiet war verloren. Doch an Bedeutung gewann der Standort erst 1687, als das Adelsgeschlecht der Nguyen am Huong Giang die Zitadelle Phu Xuan errichtete. Während des Tay-Son-Aufstandes im 18. Jh. fast völlig vernichtet, erlebte Hue ab 1802 einen rasanten Aufstieg, als der letzte überlebende Nguyen-Abkömmling sich zum Gia-Long-Herrscher krönen ließ und fortan über ganz Vietnam regierte. Die Nguyen-Monarchen orientierten sich am chinesischen Kaisertum und schufen eine Art Klein-Peking mit Verbotener Stadt, Tempelanlagen und Königsgräbern. Doch ab 1883 dienten die Himmelssöhne nur noch als Marionetten der französischen Kolonialherren. Am 25. August 1945 kam das Aus der Monarchie, nachdem der letzte König, Bao Dai, abdankte und nach einem kurzen Intermezzo als Staatsoberhaupt 1955 endgültig ins französische Exil entschwand. Während der Tet-Offensive 1968 wurden weite Teile Hues zerstört.

Erst seit den 1990er-Jahren erlebt die Stadt mit mittlerweile 350 000 Einwohnern einen Aufschwung.

**Zitadelle und Königsstadt

Die Zitadelle liegt in geomantisch günstiger Lage am Nordufer des Flusses. Im Rücken schützen sie Berge, nach Süden blickt sie zur Sonne, auf den Fluss und eine weite Ebene. Nach dem Vorbild der Kaiserstadt in Peking gliedert sie sich in drei Bereiche: Die **Äußere Stadt** Ⓐ – gemeinhin Zitadelle genannt – ist von einer fast quadratischen, 10 km langen Mauer und einem 23 m breiten Wassergraben umgeben. Darin eingeschlossen ist die ebenfalls ummauerte **Königsstadt** Ⓑ (auf Vietnamesisch »Gelbe Stadt« genannt) und als Teil von ihr die **Purpurne Verbotene Stadt** Ⓒ mit den privaten Palästen für den König und seine Konkubinen.

Die wichtigsten Bauwerke innerhalb der Königsstadt (tgl. 7–17 Uhr) reihen sich entlang einer Zentralachse, weniger wichtige paarweise im rechten Winkel dazu oder auf zwei parallelen Seitenachsen. Den Anfang der zentralen Achse bilden kleine Pavillons direkt am Fluss und die dreistufige Terrasse mit dem 21 m hohen Flaggenturm. Seitlich stehen vier bzw. fünf 10 t schwere Kanonen.

Zentralachse

Die weitläufige Königsstadt (Ausmaße: 604 x 622 m) betritt man durch das **Mittagstor** mit filigran gestalteten Pavillons auf einer massiven, u-förmigen Basis. Von dort beobachtete der König Zeremonien und Paraden, während die Hofdamen ungesehen im oberen Stockwerk durch Paneele blinzeln konnten. Im anschließenden **Hof der Riten** nahmen einst die Mandarine Aufstellung, getrennt nach Militärs und Zivilisten. An der Stirnseite des Hofs liegt die **Halle der Höchsten Harmonie** mit prachtvollen Schnitzarbeiten und mächtigen Säulen. Fast alles ist in Rot, der Farbe des Glücks, und in Gold, der Farbe des Herrschers, gehalten und mit Drachen, dem königlichen Symboltier, geschmückt. Vom Thron-

Karte Seite 82

Pavillon der Glorreichen Ankunft auf dem Areal der Zitadelle

sessel aus hielt die »Erhabene Gottheit«, Hoang De, so der offizielle Herrschertitel, seine Audienzen ab.

Nahezu alle weiter nördlich gelegenen Palastbauten samt der Verbotenen Stadt wurden im Vietnamkrieg komplett zerstört, werden aber schrittweise wieder aufgebaut. Die beiden seitlichen **Hallen der Mandarine** dienen heute Ausstellungszwecken. Im rekonstruierten **Königlichen Theater** weiter östlich kommen mehrmals täglich **höfische Tanz- und Musikstücke** zur Aufführung. Der dahinter liegende **Lese-Pavillon** beeindruckt mit seinen kunterbunten Verzierungen aus Glas und Porzellanscherben.

Westliche Hofkomplexe

Relativ gut erhalten sind die Gebäude in den vier hintereinander liegenden Hofkomplexen auf der Westseite der Königsstadt. Durch ein dreiflügeliges Tor gelangt man zum **Pavillon der Glorreichen Ankunft,** der mit 13 m zeitweise das höchste Bauwerk im Palastbereich war. Im anschließenden Innenhof stehen die bekannten ***Neun Dynastischen Urnen.** Die zwischen 1,9 t und 2,6 t schweren Bronzegefäße entstanden um 1835 und symbolisieren Einheit und Wohlstand des Reiches. Der an der Stirnseite 1821 erbaute ***The-Tempel** dient der Verehrung von zehn der insgesamt 13 Nguyen-Königen. Den Eltern des Gia-Long-Königs ist der anschließende **Hung-Tempel** gewidmet. Im dritten von einer Mauer eingefassten Hofkomplex befinden sich die nicht originalgetreu restaurierten Wohngebäude der Königsmutter, darunter der **Palast der Ewigkeit** aus dem Jahr 1804. Die Gebäude im vierten Hof sind noch nicht wieder hergestellt.

Königliche Palais

Der 1909 an den heutigen Standort verlegte ***Long-An-Palais** Ⓓ, ein wohlproportionierter Bau mit Eisenholzstruktur, dient heute als Museum für Antiquitäten (3 Le Truc, Di–So 7–17.30 Uhr). Unter dem zwölften Nguyen-Herrscher Khai Dinh entstand 1918 der ***An-Dinh-Palais** Ⓔ, ein schmucker Rokoko-Bau mit vietnamesischen Stilelementen. In den Räumen mit restaurierten Wandgemälden lebte zeitweise der letzte König Bao Dai (150 Nguyen Hue, Di–So 7–16.30 Uhr).

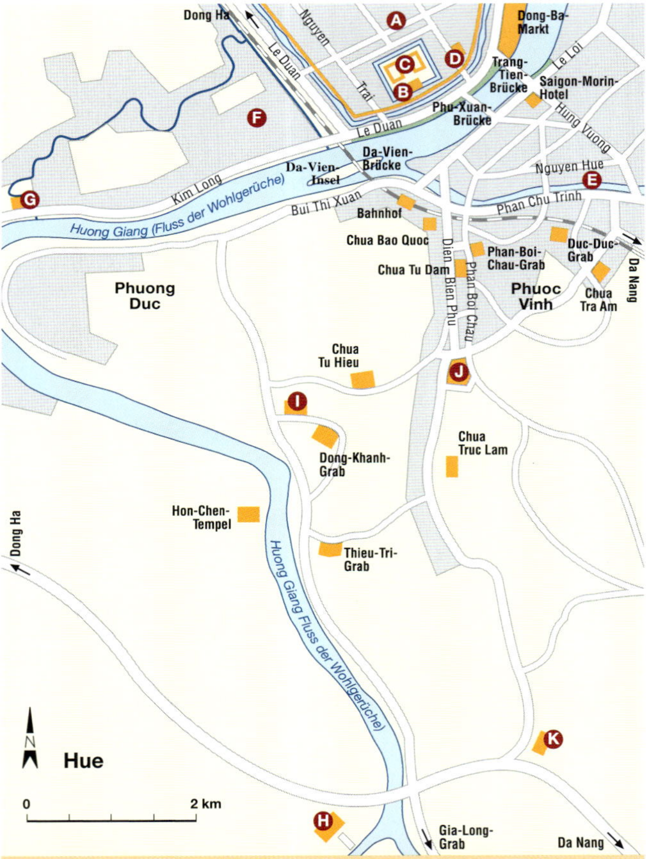

Ⓐ Äußere Stadt
Ⓑ Königstadt
Ⓒ Purpurne Verbotene Stadt
Ⓓ Long-An-Palais
Ⓔ An-Dinh-Palais
Ⓕ Gartenhäuser von Kim Long
Ⓖ Thien-Mu-Pagode
Ⓗ Minh-Mang-Grab
Ⓘ Tu-Duc-Grab
Ⓙ Altar für Himmel und Erde
Ⓚ Khai-Dinh-Grab

Gartenhäuser von Kim Long F

Westlich der Zitadelle schließt sich zwischen der Van-Xuan-Straße und einem Kanal der Stadtteil Kim Long an. Er ist für seine vielen Gartenhäuser *(nha vuon)* bekannt. Dabei handelt es sich um traditionelle Wohngebäude inmitten schöner Grünanlagen. Sie sind in Privatbesitz und werden vielfach noch von Nachfahren königlicher Beamter und Minister bewohnt. Einige Gebäude können im Rahmen eines Spaziergangs oder einer Fahrradtour besucht werden, etwa das **Thuong Lac Vien** (20 Phu Mong), das Ende des 19. Jhs. von einem Prinzen erbaut wurde; das **Thao Trang Vien** (34 Phu Mong), heute eine Gaststätte inmitten eines 1800 m² großen Gartens; das **An Lac Vien** (54/7 Phu Mong), ein 1888 errichtetes Gebäude mit Garten und Fischteich; und **das attraktive Gartenlokal Tinh Gia Vien II** (50 Phu Mong).

! Offizielle Besichtigungszeiten gibt es nicht, am besten zwischen 9 und 11 Uhr oder spätnachmittags vorbeischauen (kein Eintritt, kleine Spende).

**Thien-Mu-Pagode G

Eine erholsame Flussfahrt führt zum Wahrzeichen Hues, jener Pagode, die 1601 auf Initiative des Fürsten Nguyen Hoang auf einer Anhöhe am Ufer des Huong Giang errichtet wurde (auch per Straße erreichbar). Der 21 m hohe Phuoc-Duyen-Turm (1844) erinnert an die fünf Manushi-Buddhas, die der Mahayana-Tradition zufolge bislang erschienen sind. Zwei kleinere Pavillons schützen eine Marmorstele mit der Geschichte des Tempels (1714) und eine 2,50 m große Glocke (1710). Hinter der hohen Mauer erstreckt sich die Klosteranlage mit mehreren Hallen und schönen Bonsaibäumchen.

Thien-Mu-Pagode

Eine ungewöhnliche Sehenswürdigkeit steht in einer Garage: ein alter Austin mit einem berühmten Foto in der Windschutzscheibe. Es zeigt die Selbstverbrennung des Mönches Thich Quang Duc am 11. Juni 1963 aus Protest gegen die Buddhistenverfolgung des katholischen Diktators Diem. In diesem Austin ließ sich der Mönch zu einer Straßenkreuzung in Saigon fahren, mit Benzin übergießen und anzünden. Das Foto erregte großes Aufsehen in den USA, die Diem fünf Monate später fallen ließen.

Boote für die Flussfahrt mietet man am besten an der Anlegestelle zwischen Trang-Tien-Brücke und Century Hotel. Ein kleines Boot kostet bis zur Thien-Mu-Pagode ab 20 $ und weiter zum Mausoleum Minh Mangs das Doppelte.

**Minh-Mang-Grab H

Von der Chua Thien Mu sind es weitere 5 km flussaufwärts bis zum Grab von Minh Mang. Der zweite Herrscher der Nguyen-Dynastie regierte von 1820 bis 1841 und hatte schon zu Lebzeiten mit dem Bau seines Mausoleums begonnen. Allein die Suche nach dem geeigneten Standort dauerte 14 Jahre.

Alle Gebäude liegen auf einer zentralen Achse, beginnend mit dem »Großen Roten Tor«. Dieses führt zu einem Innenhof, den zwei Reihen von steinernen Wächtern säumen. Die große Stele preist die ruhmreichen Taten des Königs, der folgende »Tempel der Segensreichen Wohltat« dient seiner Verehrung. Drei Brücken führen über den künstlich angelegten See zum »Pavillon der Klarheit«, von dem aus man einen guten Blick auf einen weiteren, mondsichelförmigen See hat. Über ihn führt eine Brücke zum ummauerten Grabhügel (tgl. 7–17 Uhr).

**Tu-Duc-Grab I

Über die Ausfallstraße Dien Bien Phu ist das Mausoleum des vierten und vielleicht tragischsten Königs der Dynastie (reg. 1847–1883) zu erreichen. Die Straße führt zunächst auf den **Altar für Himmel und Erde** J (Nam Giao) zu und verläuft dann weiter zum »Grab der Bescheidenheit« (Lang Khiem), wie es offiziell heißt. Als die parkähnliche Anlage 1867 fertiggestellt war, zog Tu Duc sich immer häufiger hierher zurück, während die Franzosen die Macht im Land übernahmen. Derweil saß der Monarch mit seinen Konkubinen am See und rezitierte Gedichte.

Die Anlage richtet sich nach zwei parallelen Achsen aus. Die Gebäude im Süden nutzte Tu Duc zu Lebzeiten als Wohnräume, heute dienen sie dem Gedenken an ihn und seine Gemahlin Le Thien Anh. Die nördliche Achse beginnt mit einer Terrasse für die paarweise aufgestellten steinernen Wächter. Auf der nächsten Ebene ragt die landesweit größte Grabstele auf. Der König verewigte hier in 5400 Zeichen seine Lebensgeschichte. Ein halbmondförmiger See bildet die Grenze zum Reich des Toten, das aber nicht mehr aus einem traditionellen runden Grabhügel besteht: Von einer hohen Mauer umgeben, steht vielmehr ein leerer Steinsarkophag in einem offenen Innenhof. Die letzte Ruhestätte von Tu Duc ist unbekannt. Er wurde in einem von elf angelegten Tunneln bestattet (tgl. 7–17 Uhr).

*Khai-Dinh-Grab Ⓚ

Knapp 5 km südlich liegt das Mausoleum des vorletzten Nguyen-Herrschers. Khai Dinh (reg. 1916–1925) war bei einem Besuch in Frankreich von den Palästen so beeindruckt, dass er sich für seine Grabanlage etwas Ähnliches wünschte. Herausgekommen ist eine Art vietnamesisches Rokoko. Eine steile, von mächtigen Beton-Drachen gesäumte Treppe führt zu einer Plattform mit Wächtern. Noch höher liegt der Grabbau, ein verspieltes Schlösschen mit drei ineinander übergehenden Räumen. Im Gegensatz zum grauen Äußeren ist das Innere mit bunten Kacheln, Glas- und Porzellanscherben und einer Bronzestatue des Herrschers dekoriert (tgl. 7–17 Uhr).

Info

Hue Festival Centre
15 Le Loi
Tel. 054/3823050
www.huefestival.com
Bietet nicht viel mehr Infos als die Reisebüros entlang der Le Loi und Hung Vuong.

Anreise

Der **Flughafen** Phu Bai mit Verbindungen nach Hanoi und Ho-Chi-Minh-Stadt liegt 15 km südlich an der N 1A. Hin gelangt man mit Taxis und Minibussen.

Hotels

■ **La Résidence Hôtel & Spa**
5 Le Loi
Tel. 054/3837475
www.la-residence-hue.com
Direkt am Fluss gelegenes Boutique-Hotel im Art-déco-Stil. ●●●

■ **Pilgrimage Village**
130 Minh Mang
Tel. 054/3885461
www.pilgrimagevillage.com
Weitläufiges Resort unweit der Königsgräber mit Pool und Spa. Tolles Ambiente. ●●●

■ **Saigon Morin**
30 Le Loi
Tel. 054/3823526
www.morinhotel.com.vn
Das 1901 gegründete Kolonialhotel verfügt über große Zimmer und einen lauschigen Innenhof mit Café und Restaurant. ●●

■ **Thanh Noi Hotel**
57 Dang Dung
Tel. 054/3522478
www.thanhnoihotel.com
Das Hotel mit traditionellem Touch befindet sich innerhalb der Zitadelle und verfügt über ein Restaurant und eine Bar sowie einen schönen Garten mit Pool. ●●

Echt gut!

Königlich köstlich

Hue pflegt wieder das kulinarische Vermächtnis der letzten Herrscher. Hier einige Spezialitäten:

- **banh khoai:** in Pfannkuchen gewickelte Sojasprossen mit Schweinefleisch
- **banh bot loc:** in Bananenblätter gewickeltes und gedämpftes Garnelen- und Schweinefleisch.
- **nem lui:** rohe Frühlingsrollen zum Selbstwickeln
- **com hen:** Muscheln mit Reis
- **che hat sen:** Suppe mit Lotoskernen

Der Strand von Lang Co

■ **Binh Minh Sunrise**
36 Nguyen Tri Phuong
Tel. 054/3825526
www.binhminhhue.com
Beliebtes Familienhotel in guter Lage mit sauberen Zimmern. ●

Restaurants

■ **Tinh Gia Vien**
20/3 Le Thanh Ton
Tel. 054/3522243
50 Phu Mong
Tel. 054/3510644
Je eine Filiale innerhalb der Zitadelle und in der Gartenstadt Kim Long. Beide bestechen durch eine nette Gartenatmosphäre und leckere Spezialitäten. Bieten auch Kochkurse. ●●●

■ **La Carambole**
19 Pham Ngu Lao
Tel. 054/3810491
www.lacarambole.com
Gute vietnamesische und westliche Küche. Umfangreich ist die Weinkarte. Das Lokal ist populär, daher besser resservieren. ●●

■ **Nina's Café**
16/34 Nguyen Tri Phuong
Tel. 054/3838636
Familiengeführtes Lokal mit vietnamesischen und westlichen Gerichten. ●

■ **Club Garden**
8 Vo Thi Sau
Gemütliches Gartenrestaurant mit einem großen Angebot vietnamesischer Gerichte. ●

■ **The Tropical Garden**
27 Chu Van An
Menüs oder Gerichte à la carte in einem luftigen Raum, umgeben von einem Garten; abends Volksmusik. ●

Bach-Ma-Nationalpark 4

Zum Nationalpark biegt beim Ort Cau Hai, etwa 40 km südlich von Hue, eine Straße ab. Das 220 km^2 große Waldgebiet um den 1450 m hohen »Berg des Weißen Pferdes« (Nui Bach Ma) ist ein beliebtes

Naherholungsziel für Einheimische und verfügt über mehrere gut markierte Wanderwege. Mit rund 360 Spezies ist es besonders für Vogelfreunde interessant. Beste Besuchszeit ist zwischen Februar und September.

*Lang Co 5

Das Dorf zieht sich entlang einer Halbinsel zwischen Meer und Lagune. Am schneeweißen Strand gibt es mehrere schöne Resorts, die jedoch recht isoliert liegen, sodass man ganz auf ihre Infrastruktur angewiesen ist. In ihren Restaurants werden **herrliche Seafood-Gerichte** aufgetischt.

Hotel

Lang Co Beach Resort
Lang Co Beach
Tel. 054/3873555
langco@dng.vnv.vn
Entlang des breiten Strandes verteilen sich Villen mit 60 großen Zimmern. Gutes Restaurant. ●●

*Wolkenpass 6

Hinter der Lagune von Lang Co beginnt der berühmte Wolkenpass, Vietnams Wetterscheide zwischen dem subtropischen Norden und dem tropischen Süden. Wenn man nicht durch den Hai-Van-Tunnel fährt, sondern auf der von den Franzosen 1888 ausgebauten Straße die Passhöhe von 496 m erreicht hat, steht man entweder im dichten Nebel oder kann einen traumhaften Panoramablick genießen.

Da Nang 7

Vietnams drittgrößte Metropole (1 Mio. Einwohner) ist mit ihrem Seehafen das bedeutendste Wirtschaftszentrum in der Landesmitte. In der fruchtbaren Ebene des Han-Flusses siedelten einst die Cham, bis sie im 14. Jh. von den Vietnamesen verdrängt wurden. 1858 trafen die Franzosen mit ihren Expeditionstruppen ein und gründeten drei Jahrzehnte später die Stadt Tourane. In der Bucht landeten im März 1965 die ersten Truppen der USA, um kurz darauf eine riesige Militärbasis zu errichten.

Auch wenn die Stadt nur wenige Sehenswürdigkeiten zu bieten hat, lohnt sich ein Spaziergang über den **Hung-Vuong-Boulevard** hinunter zum **Markt** und dem **Han-Fluss**.

6 **Cham-Museum

Da Nangs einzige nennenswerte Sehenswürdigkeit ist das Cham-Museum an der Bach Dang im Süden des Zentrums. Henri Parmentier von der *École Française d'Extrême-Orient* plante das 1919 eingeweihte Bauwerk mit Stilelementen der Cham, um die bei Grabungen zutage geförderten Statuen, Friese und Altäre zu beherbergen. In dem u-förmigen Gebäude mit modernem Anbau werden Hunderte von Originalstücken gezeigt, darunter reliefverzierte Altäre aus My Son (wohl 7. Jh.), Tra Kieu (7. Jh.) und dem buddhistischen Kloster Dong Duong (Ende 9. Jh.). Unter den vielen Plastiken und Reliefs ragen mehrere Shiva-Darstellungen, eine Bronzefigur von Tara (8. Jh.) und die »Tänzer von Tra Kieu« (10. Jh.) hervor (tgl. 7–17 Uhr).

Hotel

Saigontourane Hotel
5 Dong Da
Tel. 0511/3821021
www.saigontourane.com.vn
Solides Businesshotel mit gutem Standard. ●●

Restaurant

Apsara
222 Tran Phu
Villa mit Garten und Cham-Dekoration; große Menüauswahl. ●●

*Marmorberge 8 & China Beach 9

Knapp 10 km südlich von Da Nang ragen zwischen dem Meer und der Straße nach Hoi An fünf Berge aus der Ebene – die **Marmorberge**. Sie werden entsprechend der chinesischen Kosmologie auch »Berge der fünf Elemente«, Ngu Hanh Son, genannt. Diese Elemente sind: *moc* (Holz), *hoa* (Feuer), *tho* (Erde), *kim* (Metall) und *thuy* (Wasser). Auf dem 107 m hohen »Wasserberg« (Thuy Son) befindet sich die hallenartige Huyen-Khong-Grotte, einst Kultstätte der Cham. Heute ist sie ein daoistisch-buddhistisches Heiligtum. Auf diesem Berg gibt es außerdem einige Aussichtspunkte und die beiden Klöster Chua Tam Thai und Chua Linh Ung. Das am Fuß der Marmorberge gelegene Dorf **Non Nuoc** ist ein Zentrum der Steinmetzkunst. Der Marmor stammt heute allerdings aus der Provinz Thanh Hoa.

Parallel zur Küste führt von Da Nang eine breite Straße am einstigen Stützpunkt der US-Armee und den Marmorbergen vorbei bis ins 25 km entfernte Hoi An. Der fast baumlose Strand wurde

Die Huyen-Khong-Grotte in den Marmorbergen

während des Vietnamkriegs als **China Beach** bekannt, da sich hier amerikanische Soldaten vom Kampfeinsatz erholten. Inzwischen sind an diesem Strand eine Reihe hervorragender Resorts angesiedelt. Badesaison ist von Juni bis September, zwischen Oktober und Dezember lässt sich hier **wunderbar surfen.**

Hotels

Furama Resort & Spa
68 Ho Xuan Huong
Bac My An (China Beach)
Tel. 0511/3847888
www.furamavietnam.com
5-Sterne-Resort direkt am Strand. Gute Sportmöglichkeiten und vier Restaurants. ●●●

Sandy Beach Resort
255 Huyen Tran Cong Chua
Non Nuoc
Tel. 0511/3836216
www.sandybeachdanang.com
16 ha große Anlage mit zwei Swimmingpools. Arrangiert Tauchtrips. ●●●

Shopping

Rund um das Dorf Non Nuoc verkaufen zahllose Läden Skulpturen aus Marmor – vom Grabstein bis zum mannshohen Löwen. Sie organisieren auch den Export.

7 ***Hoi An 10

Vom Welthafen zum verschlafenen Nest zur Touristenhochburg: Hoi An hat in den letzten Jahrhunderten viele Wechselbäder erlebt. Seit die Stadt am Thu-Bon-Fluss 1999 zum UNESCO-Welterbe erhoben wurde, erfuhr sie einen beispiellosen Boom. Kein Wunder, denn nirgends sonst in Vietnam ist das historische Bau-Ensemble noch so intakt wie hier. Und nirgendwo sonst kann man Kulturerlebnis, Shopping und Strandurlaub so wunderbar miteinander verbinden.

Der Aufstieg begann im 16. Jh., als das damalige Faifo Vietnams Tor zur Welt wurde. Hier legten die ersten europäischen Karavellen an, und hier löschten chinesische und japanische Händler offiziell ihre Waren, nachdem ihre Heimatländer keine ausländischen Schiffe mehr in ihren Häfen duldeten. 1636 mussten die Händler aus Nippon auf Geheiß des herrschenden Tokugawa-Shogunats in ihre Heimat zurückkehren. Die Hafenstadt wurde faktisch chinesisch, nachdem sich infolge des Zusammenbruchs der Ming-Dynastie 1644 immer mehr Flüchtlinge aus dem Land der Mitte niederließen. Doch als im 18. Jh. der Fluss zunehmend versandete, begann in Hoi An die Zeit stillzustehen. Dank der vielen Touristen ist die Stadt nun wieder kräftig in Bewegung geraten.

Der Stadtkern mit über 600 denkmalgeschützten Tunnelhäusern, Pagoden und Tempeln erstreckt sich entlang eines Seitenarmes des Thu Bon. Die wichtigsten Sehenswürdigkeiten reihen sich an der Hauptstraße Tran Phu, darunter fünf Versammlungshallen *(hoi quan)* für die nach Herkunftsprovinzen organisierten chinesischen Gemeinden. Sie alle haben eine ähnliche Struk-

Tan-Ky-Haus

tur: Ein Vorplatz führt zu einem schmucken Torbau, gefolgt von einem Innenhof und der Tempelhalle mit fein geschnitzten Altären und üppig verzierten Dachfirsten.

Entlang der Tran Phu

Die **Hoi Quan Trieu Chau** (1752) besitzt wunderschöne Schnitzereien an Säulen und Altären: Vögel und Insekten verstecken sich in filigran gearbeitetem Rankwerk. Auch die 100 m weiter gelegene **Hoi Quan Hai Nam** (1875) zum Gedenken an 108 wegen angeblicher Spionage hingerichtete Seeleute von der Insel Hainan weist schöne Verzierungen auf.

Der **Mieu Quan Cong** (1653) an der Tran Phu/Nguyen Hue ist dem gleichnamigen chinesischen General (chin. Guan Yu) aus dem 3. Jh. gewidmet. In dessen hinterem Bereich dokumentiert ein mäßig interessantes **Museum** die Geschichte von Hoi An. Viel spannender ist das geschäftige Treiben in und um den **Markt** schräg gegenüber. Die Läden und Verkaufsstände ziehen sich bis hinunter zur Uferstraße, der Bach Dang. Die schönste Stimmung herrscht hier frühmorgens, wenn am Pier die überladenen Boote anlanden.

An der Tran Phu etwas weiter birgt die große **Hoi Quan Phuc Kien** eine goldene Statue von Thien Hau, der Schutzgöttin der Fischer und Seefahrer. Die Bewohner des 300 Jahre alten **Quan-Thang-Hauses** (77 Tran Phu) schräg gegenüber sind stolz auf ihr gut erhaltenes und mit

Karte Seite 76

reichen Schnitzereien verziertes Heim.

Fast am Ende der Hauptstraße fällt das dreiteilige Tor der **Hoi Quan Quang Trieu** (1786) auf. In den 1980er-Jahren wurde der Tempel mit einer mächtigen Statue des Generals Quan Cong von Grund auf erneuert. In Sichtweite ist nun schon die ****Japanische Brücke** über einen Kanal. Sie trennt das chinesische vom einstigen japanischen Viertel. An den Eingängen sitzen auf beiden Seiten steinerne Tierfiguren, die Rückschlüsse auf die ursprüngliche Entstehungszeit zulassen: Den Baubeginn ordnet man dem Jahr des Affen (1593) zu, die Fertigstellung dem Jahr des Hundes (1595). Ein kleiner Tempelanbau soll einen riesigen Drachengeist besänftigen. Jenseits der Brücke lohnt ein Besuch im 50 m entfernten **Hung-Phung-Haus**.

Am Thu Bon

Das **Tan-Ky-Haus** (101 Nguyen Thai Hoc) gehörte einst einer reichen Kaufmannsfamilie. Es ist ein typisches Tunnelhaus mit dem repräsentativen und daher schmucken Vorderhaus, gefolgt von einem luftigen Innenhof und den Privaträumen samt Küche und Brunnen. Der Hinterausgang führt zur Uferstraße **Bach Dang**, wo Bootsfahrer für **Flusstouren werben. Am schönsten ist eine nachmittägliche Fahrt** bis zur Mündung des Thu Bon. Mit der Fähre kann man zur Flussinsel Cam Kim übersetzen. Die Bewohner des dortigen Dorfes **Kim Bong** sind seit dem 17. Jh. auf Holzschnitzarbeiten spezialisiert.

! Die Verkaufsstellen des **Hoi An Office of Tourist Services** stellen Stadtpläne und Broschüren zur Verfügung. Dort muss man auch das **Sammelticket** kaufen, mit dem eine Auswahl von Museen, Kaufmannshäusern und Tempeln besichtigt werden kann (Öffnungszeiten der Sehenswürdigkeiten tgl. 7–18 Uhr).

Cua-Dai-Strand

Nur 4 km östlich erstreckt sich der breite Cua-Dai-Strand mit wunderbaren Möglichkeiten zum Schlemmen und Schwimmen. Wer Meeresrauschen statt städtischen Trubel bevorzugt, kann in einem der hervorragenden Resorts absteigen. **Am Strand locken einfache Seafood-Lokale mit frischen Köstlichkeiten** aus dem Meer. Eine Küstenstraße führt gen Norden nach Da Nang (25 km).

Echt gut!

Hotels in Hoi An

■ **Life Heritage Resort Hoi An**
1 Pham Hong Thai
Tel. 0510/3914555
www.life-resorts.com
Stilvolle, ruhige Hotelanlage direkt am Fluss mit Pool und gutem Spa. Zwei Restaurants mit europäischer und asiatischer Küche. ●●●

■ **Vinh Hung Resort**
Insel An Hoi
Tel. 0510/3910577
www.vinhhungresort.com
Weitläufiges Resort direkt am Thu-Bon-Fluss, nur 400 m Fußweg vom Zentrum. ●●

■ **Vinh Hung 1**
143 Tran Phu
Tel. 0510/3861621
www.vinhhungresort.com
Altes Kaufmannshaus mit nur sechs geschmackvollen Zimmern. Sehr beliebt, daher rechtzeitig buchen! ●●

Hotels am Cua-Dai-Strand

■ **Victoria Hoi An Beach Resort & Spa**
Tel. 0510/3927040
www.victoriahotels-asia.com
Die architektonische Perle wirkt wie ein Miniatur-Hoi-An. ●●●

■ **Palm Garden Resort**
Tel. 0510/3927927
www.palmgardenresort.com.vn
Große, familienfreundliche Anlage direkt am Strand mit Pool und Spa. ●●●

Restaurants

Spezialitäten von Hoi An sind *hoanh thanh* (Weizenfladen mit Fleisch und Gemüse), *banh vac* (Reispapier mit Shrimps) und *cao lau* (Reisnudeln mit Schwein und Gemüse).

■ **Brother's Café**
27 Phan Boi Chau
Tel. 0510/3914150
Villa in lauschigem Garten am Fluss. Die ganze Vielfalt der vietnamesischen Küche, gute Weinauswahl. ●●●

■ **The Cargo Club**
107 Nguyen Thai Hoc
Tel. 0510/3910489
Das schöne Stadthaus mit Terrasse zum Fluss bietet leckere Hoi-An-Spezialitäten. Patisserie im Haus. Kochschule im Morning Glory gegenüber. ●●

■ **Hai Café**
98 Nguyen Thai Hoc
Tel. 0510/3863210
www.visithoian.com
Gutes Essen den ganzen Tag und zu später Stunde ein ansprechender Ort für Musik und Drinks. Bietet auch **Kochkurse im Red Bridge Restaurant am Fluss.** ●●

■ **Vinh Hung**
147 B Tran Phu
Das einfache Gartenlokal in der Nähe der Japanischen Brücke serviert lokale Spezialitäten. ●

Shopping

Hoi An ist wie ein einziger riesiger Laden, denn ein Geschäft reiht sich hier an das andere. Gute Adressen sind:

■ **Reaching Out Handicrafts**
103 Nguyen Thai Hoc
Behindertenwerkstatt mit guten Qualitätsarbeiten wie Taschen aus Seide.

■ **Kim Bong Wood Workshop**
106–108 Nguyen Thai Hoc
Tel. 0510/3862279
Traditionstischlerei mit tollen Schnitzarbeiten.

■ **Kim Chi**
90 Le Loi
Tel. 0510/3862244, und

■ **Búp Design**
68 Nguyen Thai Hoc
Tel. 0510/3862165
sind zuverlässige Läden für Maßgeschneidertes.

Ausflüge ab Hoi An

***My Son 11

My Son liegt eine Fahrstunde westlich von Hoi An. Starten Sie recht früh, um dem Besucherstrom zu entgehen. Vom 4. bis 13. Jh. befand sich hier das religi-

Ech gu

Architektur der Cham

Wie die Khmer und Javaner waren auch die Cham durch ihre Handelsverbindungen schon sehr früh von indischem Gedankengut geprägt. So errichteten sie ihre Sakralbauten ab dem 7. Jh. aus Stein, während ihre Wohnhäuser aus Bambus und Holz bestanden, denn nur den Göttern waren Gebäude aus unvergänglichem Material vorbehalten. Die ummauerten Tempelanlagen richten sich in der Regel gen Osten und bestehen aus einem turmartigen Eingangspavillon *(gopuram)*, einer Vorhalle *(mandapa)* zur Vorbereitung der Zeremonien, einem seitlichen Gebäude zur Aufbewahrung von Kultgeräten und Gewändern *(koshagraha)* und dem ebenfalls turmartigen, nur außen verzierten Hauptheiligtum *(kalan)*. Letzteres reflektiert drei Sphären der indischen Kosmologie: die quadratische Basis symbolisiert die Erde, der Altar im etwas schmaleren Korpus die spirituelle Vereinigung zwischen Mensch und Gott, und der pyramidenförmige Dachaufbau den Berg Meru als Sitz der Götter.

Auf dem Altar im schlicht gehaltenen Inneren befindet sich zumeist ein Lingam mit Yoni als Symbol Shivas. Zuweilen steht dort auch eine Statue, wie etwa im Po Nagar von Nha Trang die Statue der Po Yang Ino Nagar, einer Fruchtbarkeitsgöttin (› S. 118). Auf dem Foto sehen Sie die Reste in My Son.

öse Zentrum der Cham. In den fast 1000 Jahren entstanden eine Reihe von Tempeltürmen *(kalan)* aus Ziegelstein zur Verehrung der verstorbenen Könige in Gestalt von Shiva und anderen Hindugottheiten. Durch die vielfachen Zerstörungen, vor allem durch US-Bomben während des Vietnamkriegs, blieben von den 70 zu Beginn des 20. Jhs. noch erhaltenen Bauten gerade mal 20 übrig.

Die Tempelgruppen liegen am Fuß des namensgebenden »Schönen Berges« in einem Tal und sind vom Besucherzentrum samt sehenswertem **Museum** noch 2 km entfernt (kostenloser Shuttle-Service). Am besten erhalten sind die Gruppen C und B mit mehreren schönen Tempelbauten, allen voran der *kalan* der **Gruppe C**. Wunderschöne Verzierungen weisen die seitliche Bibliothek und ein etwas schiefer *kalan* zu Ehren des Elefantengottes Ganesh (beide 10. Jh.) der **Gruppe B** auf. Die beiden breiten Vorhallen der **Gruppe D** bergen einige Reliefs und Ziergiebel. In der **Gruppe A** jenseits eines Baches stand einst der schönste Tempelturm von My Son. Er liegt seit den Bombardierungen von 1969 weitgehend in Trümmern – wie auch die *kalan* der **Gruppen E** und **F**.

Cham-Inseln 12

Für Taucher und Schnorchler empfiehlt sich eine Bootstour zu den insgesamt acht Cham-Inseln (Cu Lao Cham). Sie liegen nur 10 km vor der Küste. Badesaison ist von März bis Oktober. Das Cham Island Diving Center in Hoi An (88 Nguyen Thai Hoc, Tel. 0510/3910782, www.chamislanddiving.com) bietet **Tauch- und Schnorcheltouren** dorthin.

Provinz Quang Ngai

Auf der Fahrt gen Süden passiert man die drei Türme von **Chien Dan** 13. Das Cham-Heiligtum stammt aus dem 11./12. Jh. und weist an der Basis des Mittelturms Reliefs mit Tänzerdarstellungen auf. Es gibt ein kleines Museum.

Die uninteressante Provinzhauptstadt **Quang Ngai** 14, 135 km südlich von Da Nang, am Tra-Khuc-Fluss, litt besonders stark unter dem Vietnamkrieg. Bekannt ist die Provinz v.a. wegen des Dorfes Son My, besser bekannt unter dem Namen **My Lai** 15. Die Siedlung liegt 13 km von Quang Ngai in Richtung Meer und gelangte zu trauriger Berühmtheit, als am 16. März 1968 im Zuge einer »Search and Destroy«-Aktion 504 Bewohner auf bestialische Weise ermordet wurden. Das Massaker kam nur deshalb ans Tageslicht, weil der Soldat Ronald Ridenhour über die Tötung der Frauen, Alten und Kinder berichtete. Der dafür verantwortliche Leutnant William Calley wurde zwar zu lebenslanger Haft verurteilt, nach einer Begnadigung durch Präsident Nixon aber nur für drei Jahre unter Hausarrest gestellt. In ganz Vietnam gab es Hunderte von

Life Wellness Resort am Strand von Qui Nhon

Kriegsverbrechen durch US-Soldaten, doch die meisten bleiben bis heute unter einem Deckmantel des Schweigens verborgen.

Heute erinnert eine Gedenkstätte an das Grauen. Anstelle der Wohnhäuser gedenken Schilder der ermordeten Hausbewohner. Eine Ausstellungshalle illustriert das Massaker anhand schauriger Fotos und nachgestellter Szenen (tgl. 7–17 Uhr).

Die fruchtbare Landschaft entlang dieses Küstenabschnitts wirkt mit ihren Palmenhainen und Reisfeldern wie ein Kontrastprogramm zu dieser dunklen Vergangenheit. Etwa 60 km südlich von Quang Ngai bietet sich der lauschige Strand von **Sa Huynh** 16 als Stopp zum Baden und Seafood-Schlemmen an.

Qui Nhon 17

Die 165 km südlich von Quang Ngai auf einer Landzunge gelegene Hafenstadt Qui Nhon eignet sich mit ihren Buchten und Cham-Heiligtümern hervorragend als Übernachtungsstopp. Unweit der nahen Provinzstadt Binh Dinh lag hier vom 11. Jh. bis zu seiner Zerstörung 1471 das Zentrum des Cham-Reiches Vijaya. Einige Tempelbauten, darunter das Heiligtum **Banh It** (auch The Bac genannt) aus dem 11. Jh., zeugen von der einstigen Bedeutung.

Hotels

■ **Life Wellness Resort**
55 Ghenh Rang
Bai-Dai-Strand
Tel. 056/3840132
www.life-resorts.com
Architektonisch gelungenes Resort in ruhiger Bucht, 15 km südlich. Sehr gutes Spa. ●●●

■ **Resort Hoang Anh**
1 Han Mac Tu
Tel. 056/3747100
www.hagl.com.vn
Hotelanlage am Westende des Strands mit Tennisplatz und zwei Pools. ●●

Special

Mal scharf, mal sauer

Com und Pho

Mit *com* (Reis) und *pho* (Reisnudelsuppe) gekennzeichnete Häuser zeigen an: Hier gibt es etwas zu essen. Vor allem Frauen stellen dort ihre Kochkünste unter Beweis. Schauen Sie einfach in die Töpfe und wählen Sie aus dem Angebot aus. Auch auf den großen Stadtmärkten finden Sie Stände, die Leckeres auftischen. Als wandelnde Garküchen ziehen Frauen mit Tragestangen und Körben umher; sie haben schon zu Hause einfache Speisen zubereitet und verkaufen sie nun für ein paar tausend Dong. Aus hygienischen Gründen sollten Sie nur gut gekochte Gerichte probieren und zudem auf die Sauberkeit von Tellern, Schalen und Stäbchen achten. Zu den leckersten Gerichten an Essständen gehört sicherlich die mit Sternanis und Zimt gewürzte Nudelsuppe *pho*, die gern zum Frühstück gegessen und daher in der Regel nur vormittags angeboten wird – in den Varianten Rindfleisch *(pho bo)* und Huhn *(pho ga)*.

Kleiner Essknigge

Wenn Sie in einem besseren Restaurant speisen wollen, warten Sie an der Tür, bis man Sie zum Tisch leitet. In einer größeren Gruppe machen Sie es wie die Vietnamesen und bestellen mehrere Gerichte. Denken Sie dabei an die Ausgewogenheit: Fisch und Fleisch, Gemüse, Suppe und natürlich Reis gehören dazu. Beim Bezahlen gilt immer: einer für alle. Einzelrechnungen sind unüblich, man revanchiert sich mit einer Gegeneinladung. Oft wird die Rechnung in einem kleinen Mäppchen gebracht. Vergessen Sie nicht, etwas Trinkgeld (ca. 10% des Rechnungsbetrags) zu hinterlassen. Gleich nach dem Essen bricht die Gesellschaft auf.

Regionale Spezialitäten

Es überrascht nicht, dass sich in diesem lang gezogenen Land regionale Eigenheiten herausgebildet haben. So sind die Gerichte im kühleren Norden weniger stark gewürzt, dafür wird mehr Suppe gegessen. Im zentralvietnamesischen Hue haben die letzten Könige eine Reihe kulinarischer Spezialitäten hinterlassen. Die Südländer wiederum essen gern schärfer. Durch die verstärkte Mobilität der Bewohner verändern sich jedoch die Vorlieben. So ist *pho* nun im ganzen Land beliebt. Im Folgenden einige lokale Spezialitäten:

- **Norden:** *lau* – Feuertopf mit Salatblättern, Kräutern, Fleisch und Fisch, *cha ca* – gebratener Fisch mit Dill, *bun cha* – kalte Reisnudeln mit gebratenem Fleisch, bevorzugt Rind, und frischen Kräutern. Auch in Suppenform.
- **Zentrum:** *banh beo* – gedämpfter Reispudding mit zerkleinerten Garnelen, *banh khoai* – Pfannkuchen mit Schwein oder Garnelen und Sojasprossen, *ca kho to* – Fisch in Karamellsauce

- **Süden:** *nem nuong* – Schweinefleischbällchen auf Spießen, *bun thit nuong* – Reisnudeln mit gegrilltem Schweinefleisch, *ga xao xa ot* – Hühnerfleisch mit Zitronengras, *canh chua tom* – süßsaure Garnelensuppe.

Glasnudelsuppe mit Huhn *(canh mien)*

Rezept für vier Personen: 10 g getrocknete Morcheln und 10 g getrocknete Tongku-Pilze (oder andere) mit kochendem Wasser übergießen und ca. 30 Min. ziehen lassen, dann abgießen, Stiele entfernen und Pilze in Stücke schneiden. Etwa 50 g Glasnudeln 10 Min. in heißem Wasser quellen lassen, abgießen und auf ca. 5 cm Länge schneiden. Ein kleines Suppenhuhn (ca. 800 g) waschen, enthäuten, ausnehmen und 15 Min. in 1,5 l Wasser kochen. Danach Hühnerfleisch ablösen und klein schneiden. Die Brühe in einen großen Topf geben, Hühnerfleisch, Nudeln, Pilze und eine klein gewürfelte Zwiebel hinzufügen, mit einem halben TL Salz, 2 EL reiner Fischsauce abschmecken und weitere 15 Min. kochen lassen. Ggf. Fettschicht abschöpfen, damit die Suppe klar bleibt. In die Suppenschalen füllen, mit frischem Koriander und frisch gemahlenem Pfeffer würzen und sofort servieren.

Der Süden

Nicht verpassen!

- Sich über den Dächern Saigons einen Drink gönnen
- In den Dünen von Mui Ne auf Wüstentrip gehen
- In der Bucht von Nha Trang in einem Korbboot paddeln
- Die Landschaft bei Da Lat von der Seilbahn aus betrachten
- Die Kaffeeplantagen südlich von Da Lat besuchen

Karte Seite 100

Zur Orientierung

In Nam Bo, dem »Südlichen Land«, zeigt sich Vietnam tropisch-freundlich. Die Region gilt dank des feuchtheißen Klimas und der fruchtbaren Böden als landwirtschaftliches Rückgrat des Landes. Hier liegt außerdem das mit Abstand wichtigste Wirtschaftszentrum des Landes, **Ho-Chi-Minh-Stadt** (Saigon).

Europäer zieht es vor allem im Winter an die Buchten und Strände. Auch die Einheimischen tummeln sich gern am Strand, bevorzugt bei der Hafenstadt **Vung Tau** oder östlich von **Long Hai.** Der Strand von **Mui Ne** bei Phan Thiet, 200 km nordöstlich von Saigon, ist bei Besuchern aus aller Welt sehr beliebt. Kräftige Brisen erfreuen die Surfer, wüstenartige Dünen die Wanderer.

An der Küste Richtung Norden tauchen immer wieder Relikte der Cham auf, besonders bei **Phan Rang-Thap Cham.** In einigen umliegenden Dörfern leben auch noch Angehörige dieser Volksgruppe.

Die fruchtbare Hochebene um **Da Lat** ist ein romantisches Ziel für Flitterwöchner. Während im frühen 20. Jh. französische Kolonialherren und betuchte Einheimische aus dem schwülen Saigon hierher flohen, sind es heute Angehörige der rapide wachsenden Mittelschicht. Wasserfälle und Seen in der Umgebung zählen zu den beliebtesten Ausflugszielen.

Saigon – das unbestrittene Herz des Südens

Nha Trang, 450 km nördlich von Saigon, ist für Vietnamesen der Inbegriff von Sonne, Sand und Meer. Geschützt von einer inselreichen Bucht kann man hier an 300 Sonnentagen im Jahr in die Fluten springen. Für Taucher empfiehlt sich die Unterwasserwelt rund um die vorgelagerten Inseln. Mit seinen zahlreichen Minihotels ist das Seebad auch bei Budgetreisenden beliebt.

Touren in der Region

Durch das fruchtbare Hochland

⑦ Nha Trang › Phan Rang-Thap Cham › Da Lat › Saigon

Länge: 520 km
Dauer: 3–4 Tage
Praktische Hinweise: Für die Strecke Nha Trang–Da Lat sollten Sie sich einen Wagen mit Fahrer mieten und, um den vielen Touristengruppen zuvorzukommen, früh starten. Für die direkte Weiterfahrt nach Saigon stehen auch zahlreiche Busverbindungen zur Verfügung.

Auf der Fahrt von Nha Trang nach Saigon bietet sich ein Abstecher ins Hochland an. Die Nationalstraße 1A führt vorbei an Salzbecken und Reisfeldern bis nach **Phan Rang-Thap Cham** › S. 116, wo das Heiligtum Po Klong Garai einen Besuch lohnt. Weiter geht es auf der N 27 Richtung Hochland. Die 108 km langen, serpentinenreiche Straße nach ****Da Lat** › S. 120 ist gesäumt von Gemüsefeldern, Kafeeplantagen und Obstgärten. Im kühlen Klima der 1500 m hoch gelegenen Stadt können Sie je nach Lust und Zeit mehrere Tage bleiben. Dann geht es entlang der N 20 in Richtung ****Saigon** › S. 102 (310 km). Unterwegs rechtfertigen die vie-

len Maulbeerbaum-, Kaffee- und Teeplantagen ausgiebige Stopps. Im 850 m hoch gelegenen Kaffeezentrum Bac Loc offerieren Geschäfte herrlich duftende Kostproben. Naturfreaks können einen Abstecher in den **Cat-Tien-Nationalpark** › S. 123 unternehmen. Dafür empfiehlt sich allerdings eine weitere Übernachtung.

Südliche Küstenimpressionen

(8) Nha Trang › Phan Rang-Tap Cham › Mui Ne › Saigon

Länge: 450 km
Dauer: 1 Tag
Praktische Hinweise: Alle im

(7)
Durch das fruchtbare Hochland
Nha Trang › Phan Rang-Thap Cham › Da Lat › Saigon

(8)
Südliche Küstenimpressionen
Nha Trang › Phan Rang-Tap Cham › Mui Ne › Saigon

(9)
Durch lebendige Flusslandschaften
Saigon › My Tho › Can Tho › Chau Doc › Saigon

(10)
An den Golf von Thailand
Can Tho › Rach Gia › Hon Chong › Ha Tien › Phu Quoc

Folgenden genannten Orte – auch der Cham-Tempel Po Klong Garai – werden von den Open-Tour-Bussen angesteuert. Der Nachteil: Sie wandeln inmitten der Touristenmassen. Um sie zu meiden, mieten Sie sich einen Wagen mit Fahrer und starten in Nha Trang vor 7 Uhr.

Die Strecke von Nha Trang auf der Nationalstraße 1 A nach Saigon ist problemlos an einem Tag zu bewältigen und verläuft zunächst entlang der Küste. Im 105 km weiter südlich gelegenen **Phan Rang-Thap Cham** › S. 116 können Sie das Heiligtum Po Klong Garai besichtigen, bevor es durch eine zuweilen savannenartige Landschaft geht. Denn hier, im Regenschatten der Berge, gehen weniger als 1000 mm Niederschläge im Jahr nieder. ****Mui Ne** › S. 115 bei Phan Thiet bietet sich für entspannte Strandtage an. Vorbei an Pflanzungen der kakteenartigen Drachenfrucht verläuft die Nationalstraße 1 A nun landeinwärts durch ein fruchtbares Gebiet mit Cashewnussplantagen und Zuckerrohrfeldern. Schon in der Kolonialzeit entstanden die endlosen Reihen von Kautschukbäumen, die Sie zwischen Long Khanh und der Katholiken-Hochburg Bien Hoa passieren, bevor der immer dichter werdende Verkehr die Metropole ****Saigon** (› s.u.) ankündigt.

Verkehrsmittel

Der Tan-Son-Nhat-Flughafen von Saigon ist das internationale Eingangstor zum Süden Vietnams. Es bestehen tägliche Verbindungen nach Nha Trang und Da Lat. Parallel zur gut ausgebauten Nationalstraße 1 A verläuft die Bahnlinie mit täglich mehreren Zügen zwischen Saigon und Nha Trang. Auch das Hochland ist dank der ausgebauten Straßen gut an den Rest des Landes angeschlossen.

Unterwegs im Süden

8 **Ho-Chi-Minh-Stadt 1

Den sperrigen Namen Ho-Chi-Minh-Stadt benutzen die Bewohner ziemlich selten. Vielmehr nennen sie ihre Heimatstadt beim alten Namen »**Saigon**«. Das klingt nach sonniger Leichtigkeit und praller Lebenslust, nach typisch vietnamesischem Unternehmergeist und französischem Flair. Die Faszination dieses urbanen Molochs liegt weniger an seinen Sehenswürdigkeiten. Es ist dieser Mix aus kolonialer Noblesse und modernem Lifestyle, aus Rastlosigkeit und Geschäftigkeit, der die Besucher in seinen Bann zieht.

Die backsteinrote Notre-Dame mit ihren 40 m hohen Türmen

Geschichte

Saigon wurde 1698 gegründet, gewann aber erst 1790 an Statur, als der Fürst Nguyen Anh hier die Zitadelle Gia Dinh baute. Nicht weit entfernt hatten sich Migranten aus China niedergelassen und die Handelsstadt Cholon, »Großer Markt«, gegründet. Die Franzosen besetzten 1859 die Zitadelle und machten sie drei Jahre später zum Zentrum der neuen Kolonie *Cochinchine*. In den folgenden Jahrzehnten avancierte Saigon zum »Paris des Ostens«.

Nach der Teilung 1954 zur Hauptstadt Südvietnams aufgestiegen, wurde Saigon zunehmend zum Schauplatz der Auseinandersetzungen zwischen dem katholischen Präsidenten Diem und den Buddhisten. 1965 landeten die ersten US-Truppen und legten infolge des eskalierenden Vietnamkriegs einen gewaltigen Militärring um die Stadt.

Mit der Eroberung des Präsidentenpalastes am 30. April 1975 war schließlich die Wiedervereinigung erreicht. Vietnams größte Stadt wurde nach Ho Chi Minh (› S. 59) benannt und versank über mehrere Jahre in Agonie. Dank der 1986 eingeläuteten Wirtschaftsreformen erlebt die 8-Millionen-Metropole gegenwärtig einen rasanten Aufschwung.

**Das koloniale Zentrum

Das alte Saigon lässt sich gut zu Fuß erkunden. Am besten beginnen Sie am geschäftigen Saigon-Fluss, an dessen Kais auch große Frachter festmachen.

An der Hafenstraße Ton Duc Thang/Dong Khoi steht seit 1925 das legendäre **Hotel Majestic,** ein

Echt gut!

koloniales Schmuckstück mit aussichtsreicher Dachterrasse. Die Dong Khoi war einst als Rue Catinat *die* Flaniermeile der Stadt und ist es auch heute wieder. Entlang der schmalen Allee reihen sich ehrwürdige Hotels, feine Restaurants und schicke Geschäfte. Ein kleiner Abstecher in die Dong Du (unweit des Sheraton) führt zur **Zentral-Moschee,** der größten Saigons. Sie wurde 1935 von südindischen Muslimen gestiftet und ist mit ihrem Garten eine Insel der Stille. Einige Schritte weiter öffnet sich die Dong Khoi zum großen Lam-Son-Platz, dessen rechte Seite vom 1899 erbauten **Stadttheater** dominiert wird. Der neobarocke Prachtbau diente den Franzosen als Opernhaus, der südvietnamesischen Republik als Parlament und heute wieder der Muse.

Schräg gegenüber nimmt das **Hotel Continental** Ⓐ bereits seit 1880 Gäste auf, darunter illustre Persönlichkeiten wie Graham Greene. In seinem Roman »Der stille Amerikaner« verewigte er die heute nicht mehr vorhandene Terrasse. An der Le Loi/Nguyen Hue treffen Sie auf das **Hotel Rex.** Dessen Vergangenheit als Autowerkstatt, Handelszentrum und Nachrichtenzentrale der US-Armee ist so bunt wie seine **Dachterrasse.**

Echt gut!

Auf einem begrünten Platz an der Nguyen Hue zeigt sich Ho Chi Minh in einer besonders onkelhaften Pose. Vor dem Denkmal lassen sich frisch getraute Paare gern fotografieren. Als Kulisse dient das gelbe **Rathaus** von 1908, in dem heute das Volkskomitee der Stadt residiert (Besichtigung nicht gestattet).

Wenn Sie auf die Dong Khoi zurückkehren, stehen Sie bald vor der ***Kathedrale Notre Dame** Ⓑ. Sie wurde von 1877 bis 1883 als neoromanischer Backsteinbau errichtet und 1900 mit den beiden spitzen Turmdächern vollendet. Gleich nebenan liegt die 1891 erbaute ***Hauptpost**. Mit ihrer verspielten Fassade und den gusseisernen Trägern zählt sie zu den schönsten Kolonialbauten der Stadt. Im Innern schmücken zwei riesige historische Landkarten die Wände.

Entlang der Le Duan

Hinter der Kathedrale verläuft quer die Le Duan. In Richtung Osten führt der breite Boulevard am geschichtsträchtigen **Amerikanischen Konsulat** vorbei, an dessen Stelle die einstige US-Botschaft stand. Von deren Dach hoben im April 1975 die letzten amerikanischen Hubschrauber ab, um insgesamt 2100 Menschen zu der im Meer wartenden 7. Flotte zu transportieren. Die Bilder

Ⓐ Hotel Continental
Ⓑ Kathedrale Notre Dame
Ⓒ Tempel der Hung-Könige
Ⓓ Historisches Museum
Ⓔ Tempel des Jadekaisers
Ⓕ Palast der Einheit
Ⓖ Stadtmuseum
Ⓗ Mariammam-Tempel
Ⓘ Ben-Thanh-Markt

der Evakuierungsflüge gingen damals um die ganze Welt.

Die Le Duan endet am weitläufigen **Zoo** mit Botanischem Garten, der zu Spaziergängen unter schattigen Bäumen einlädt. Auf dem Gelände erinnert ein **Tempel der Hung-Könige** Ⓒ an die mythologischen Anfänge Vietnams. Etwas faktenreicher stellt das ***Historische Museum** Ⓓ (tgl. außer Mo 8–11, 13.30–16.30 Uhr) vis-à-vis Zeugnisse des Funan-Reiches sowie Fundstücke aus den alten Kulturen der Khmer und Cham aus. Zudem gibt es regelmäßig Vorstellungen des Wasserpuppentheaters.

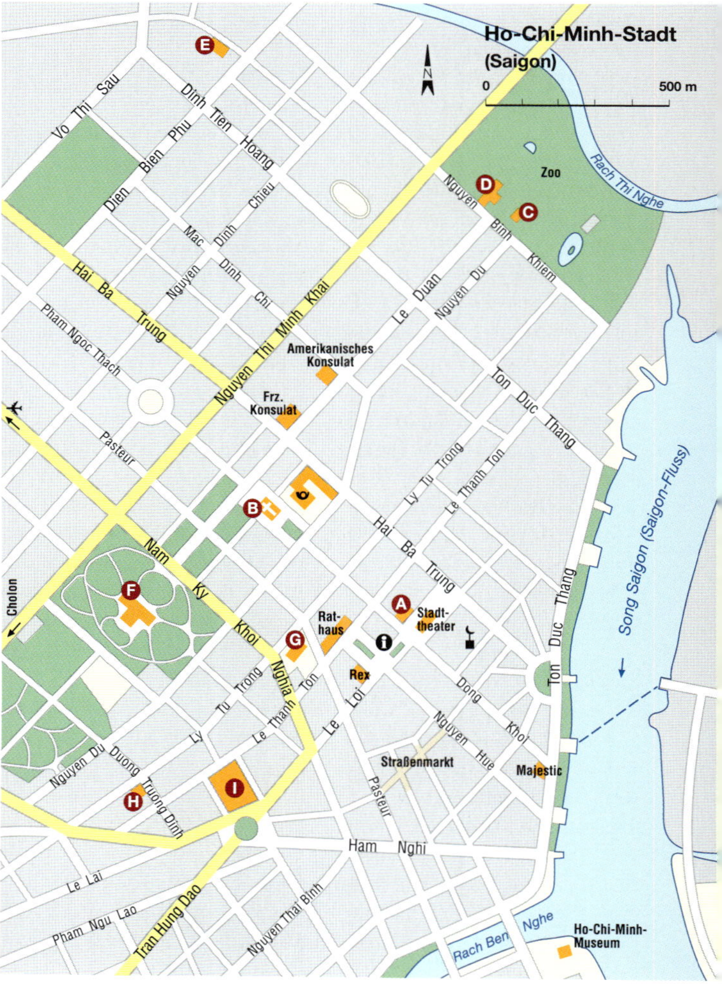

**Tempel des Jadekaisers E

Anschauungsunterricht in Sachen Volksreligion bietet die Chua Ngoc Hoang (73 Mai Thi Luu), ein 1909 von Chinesen aus der Provinz Guangdong gestifteter Tempel zu Ehren des Jadekaisers. Im Inneren von zwei unscheinbaren Gebäuden entfaltet sich die ganze Pracht des Volksdaoismus: Der von Erd- und Torgott flankierten Eingangstür folgen Buddhas, Generäle und andere illustre Gestalten. Auf dem Hauptaltar residiert der Jadekaiser mit seinem Hofstaat.

Eine Tür führt zum Nebengebäude, das sich zunächst den zehn Höllen widmet. In üppiger Schnitzkunst ist an Seitenwänden aus dunklem Holz fantasiereich dargestellt, welche grausamen Strafen die zehn strengen Richter armen Sündern auferlegen. In einem abgetrennten Bereich repräsentieren zwölf Frauen je ein Jahr des chinesischen Kalenderzyklus. Die vielen Seidenumhänge der Figuren belegen die Hochachtung, die sie bei den Gläubigen genießen.

*Palast der Einheit F

Auf ihrer Westseite endet die breite Le Duan am »Palast der Einheit«. Die Franzosen bauten für ihren Generalgouverneur 1868 inmitten eines 12 ha großen Parks das verschwenderische Palais Norodom. Nach 1954 residierte dort Präsident Diem, bis zwei Piloten seiner Luftwaffe den Präsidentenpalast im Zuge eines Putschversuchs 1962 stark beschädigten. Diem ließ den Palast daraufhin abreißen und gab einen modernen Bau in Auftrag. Das 1966 fertiggestellte »Betonprachtstück« ist noch in Reinkultur erhalten. Besucher dürfen den Palast übrigens nur in Begleitung freundlicher Damen besichtigen (tgl. 7.30–11.30, 13–16 Uhr, bei Konferenzen geschlossen).

Stadtmuseum G

Der 1890 vollendete neoklassizistische »Gia-Long-Palast« an der Pasteur/Ly Tu Trong diente den Gouverneuren von Cochinchina als Residenz. Nach der Beschädigung des Palais Norodom, zu dem ein unterirdischer Gang führt, lebte hier Präsident Ngo Dinh Diem bis zu seiner Ermordung. Heute dokumentiert das »Museum von Ho-Chi-Minh-Stadt« in recht einseitiger Sichtweise die bewegte Geschichte Saigons (tgl. 8–17 Uhr).

*Mariamman-Tempel H

Das Hindu-Heiligtum in der 45 Truong Dinh – vom Stadtmuseum über die Ly Tu Trong zu erreichen – zaubert einen Hauch von Indien nach Saigon. Ende des 19. Jhs. von tamilischen Hindus zur Verehrung der »Mutter der Pocken«, Mariamman, errichtet, finden sich heute an Vollmondtagen viele vietnamesische Gläubige in diesem Tempel ein. Der bunte Torturm *(gopuram)* ist der südindischen Tradition folgend mit zahlreichen Götter- und Tierfiguren geschmückt.

*Ben-Thanh-Markt I

Einen Straßenzug weiter blüht der Handel. Rund um die 1914 erbaute Markthalle haben fliegende Händler ihre Karren aufgestellt und Frauen sitzen mit ihren Waren auf Planen am Boden. Innerhalb der Halle mit ihren schmalen Gängen reicht das Angebot von Porzellan über Textilien bis hin zu Fleisch und Gemüse. Hier können Sie außerdem günstig **Gewürze und Souvenirs** einkaufen. Den Haupteingang der Halle erkennen Sie am markanten Uhrturm.

Cholon

Das chinesische Viertel macht seinem Namen (»Großer Markt«) alle Ehre. Hier scheinen die Bewohner vorwiegend mit dem Handel beschäftigt zu sein. Am schnellsten schlägt wohl das chinesische Krämerherz in und um den **Binh-Tay-Markt** J an der Thap Muoi. In der stets wuseligen Halle von 1920 finden Sie ein gewaltiges Angebot an Nahrungsmitteln und Haushaltsgegenständen vor.

In der Nähe liegt an der Phu Huu die katholische Kirche **Cha Tam**. Sie ist benannt nach dem chinesischstämmigen päpstlichen Legaten François Xavier Tam Assou (1855–1934), der hier begraben ist. Bekanntheit erlangte sie, als der gestürzte Präsident Diem und sein Bruder am 1. November 1963 in die Kirche flohen, von Soldaten abgeholt und beim Abtransport erschossen wurden.

Die vollen Märkte künden vom wirtschaftlichen Aufschwung

Echt gut!

Bunte Märkte

- Der **Ben-Thanh-Markt** im alten Zentrum von Ho-Chi-Minh-Stadt und der **Binh-Tay-Markt** im chinesisch geprägten Stadtteil Cholon bestechen nicht nur durch ihr riesiges Angebot, sondern auch durch ihre historischen Fassaden › siehe links.
- Dass die Hafenstadt Phan Thiet vom Reichtum des Meeres lebt, wird auf dem frühmorgens stattfindenden **Fischmarkt** deutlich › S. 115.
- Nha Trangs Lage am Meer spiegelt sich ebenfalls im Angebot auf dem **Cho-Dam-Markt** wider. Neben Fisch und Meeresfrüchten kann man dort die charakteristische Warenvielfalt eines Stadtmarktes bestaunen › S. 120.
- Für das Hochland typische Gemüse- und Obstsorten stapeln sich auf dem **Markt von Da Lat** › S. 121.
- Die 1915 direkt am Fluss erbaute **Markthalle** in Can Tho hat ihren Charme bewahrt › S. 129.

Karte Seite 108

Gehen Sie zurück zur breiten Hauptstraße, die in die Hai Thuong Lan Ong mündet. An der Ecke mit der Phung Hung findet im **Chua Ong Bon** **K** der bärtige Gott des Reichtums und des Glücks regen Zulauf. Folgen Sie der Hai Thuong Lan Ong weiter und biegen links in die Chau Van Liem ein. Am breiten Hung-Vuong-Boulevard liegt schräg gegenüber die ***Hoi Quan Phuoc An** **L**, eine Versammlungshalle der Chinesen (1902) aus der Provinz Fujian zu Ehren des Generals Quan Cong.

Zurück auf der Chau Van Liem biegen Sie direkt links in die Lao Tu ein. Auf der linken Straßenseite zieht der ***Chua Quan Am** **M** Gläubige in Scharen an. Auf mehreren Altären wird die Göttin der Barmherzigkeit vor allem von Frauen verehrt. Hier können Sie Heilungs- und Beschwörungsrituale, Wahrsagereien und Opfergaben des Volksdaoismus beobachten.

Ein typisches Beispiel für eine südchinesische Versammlungshalle finden Sie im ****Mieu Thien Hau** **N** (710 Nguyen Trai). Im Innenhof stehen auf mehreren Tischen Bronze- und Messinggefäße für die Räucherstäbchen. Noch länger aber senden die riesigen Räucherspiralen an der Decke ihre Botschaft nach oben. Im hinteren Gebäude überragt die Statue von Thien Hau, der besonders

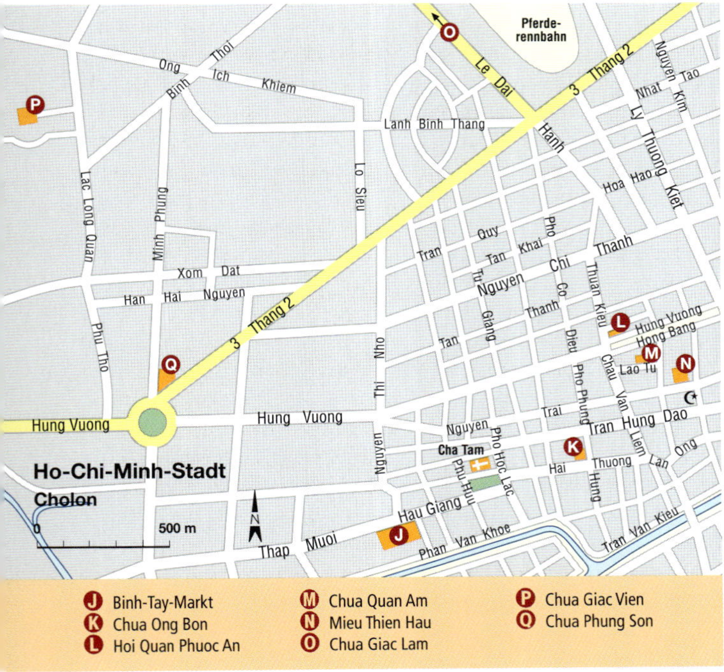

Räucherspiralen schicken Botschaften gen Himmel

von Fischern und Reisenden verehrten »Gemahlin des Himmels«, den Altar. Flankiert wird sie von zwei weiteren Himmelsmüttern (Thanh Mau) auf den Seitenaltären. Die Dachfirste im Innenhof sind mit Porzellan- und Glasfiguren beladen, die Szenen aus Legenden und Glück bringende Tiere und Symbole darstellen.

Buddhistische Klöster

Nördlich von Cholon liegen einige buddhistische Klöster, die mit ihrer beschaulichen Atmosphäre angesichts der urbanen Hektik nicht nur wohltuend wirken, sondern auch wahre Kunstschätze bergen. Etwa die 1744 gegründete und damit älteste Anlage Saigons, ****Chua Giac Lam** O (118 Lac Long Quan). Ihre flachen Gebäude mit den kurzen Firsten sind typisch für südvietnamesische Klöster. Im Inneren birgt das Kloster namens »Wald der Erleuchtung« eine Vielzahl von Figuren, insbesondere in der Haupthalle (Schuhe ausziehen). Auf verschiedenen Altären sind Höllenkönige, Bodhisattvas und Buddhas zu finden. Ein Wunschbaum mit 49 Öllampen samt Miniaturfigur des Medizin-Buddhas soll die Seelen der Verstorbenen auf ihrem Weg ins Totenreich begleiten. In einem eigenen Raum werden die Urnen der Toten aufbewahrt.

Von ähnlicher Gestalt ist das Kloster zum »Garten der Erleuchtung«, ***Chua Giac Vien** P (247 Lac Long Quan), unweit des Dam-Sen-Parks. Aus einer Einsiedelei ging 1850 ein lebendiges Kloster hervor. Auch hier lohnt der Blick in das figurenreiche Sanktuarium mit wunderbarem Schnitzwerk an den Säulen.

Die ***Chua Phung Son** Q aus dem frühen 19. Jh. liegt etwas abseits der breiten Ausfallstraße

3 Thang 2 in einem großen Garten mit Teich. Auf dem linken Seitenaltar in der Haupthalle steht eine Statue des bärtigen Bodhidharma (Bo De Dat Ma), der im 6. Jh. den Meditationsbuddhismus nach China brachte.

Infos

■ **Tourist Information Centre**
Le Loi / Nguyen Hue, Dist. 1
Tel. 08/38226033
Gute Anlaufstelle für Infos.

■ **Asian Trails**
5th Fl., 21 Nguyen Trung Ngan, Dist. 1
Tel. 08/39102871
www.asiantrails.info
Erfahrene Reiseagentur mit ausgefallenen Touren.

■ Außerdem viele kleine Agenturen im Traveller-Viertel rund um die Pham Ngu Lao.

Anreise

Der Tan Son Nhat International Airport liegt etwa 7 km nördlich des Stadtzentrums. Die je nach Verkehr halbstündige Taxifahrt ins Zentrum kostet ungefähr 5 $.

■ **Vietnam Airlines**
116 Nguyen Hue (Nähe Rathaus)
Tel. 08/38320320

■ **Lufthansa**
Bitexco Building
19–25 Nguyen Hue
Tel. 08/38298529

Hotels

■ **Caravelle**
19 Lam Son Square, Dist. 1
Tel. 08/38234999
www.caravellehotel.com
Das 1959 eröffnete 5-Sterne-Hotel ist mit seinem modernen Anbau eine der Topadressen Saigons. Top ist auch die Saigon Saigon Bar auf dem Dach. ●●●

■ **Majestic**
1 Dong Khoi, Dist. 1
Tel. 08/38295515
www.majesticsaigon.com.vn
Vollständig renoviert, mit eleganten Suiten und herrlichem Blick über den Fluss von der Dachterrasse mit Restaurant. ●●●

■ **Legend Hotel Saigon**
2 A–4 A Ton Duc Thang, Dist. 1
Tel. 08/38233333
www.legendsaigon.com
Am Saigon-Fluss gelegenes Businesshotel mit 282 Zimmern. Schöner Pool, exzellentes Restaurant und gemütliche Bar. ●●●

■ **Chancery Saigon**
196 Nguyen Thi Minh Khai, Dist. 3
Tel. 08/39304088
www.chancerysaigonhotel.com
Klein, aber fein: Jedes der 96 Zimmer ist eine Suite. Guter Service. ●●

■ **Palace**
56-66 Nguyen Hue, Dist. 1
Tel. 08/38292860
www.palacesaigon.com
Schickes Businesshotel mit 144, z.T. etwas kleinen Zimmern und populärer Disco. ●●

■ **Spring Hotel**
44-46 Le Thanh Ton, Dist. 1
Tel. 08/38297362
springhotel@hcm.vnn.vn
Das moderne Minihotel ist eine der besten Budget-Optionen in dieser Lage (nicht weit von der Dong Khoi). ●●

■ **Madame Cuc**
127 Cong Cuynh, Dist. 1
Tel. 08/38368761
www.madamcuchotels.com
Eines von drei Minihotels unter den Fittichen von »Madame Cuc«. Funktio-

nale Zimmer, aber gute Budget-Option. Arrangiert Transport und Ausflüge. ●

- Zahlreiche weitere **Budget-Unterkünfte** gibt es südwestlich vom Ben-Thanh-Markt rund um die Straßen Pham Ngu Lao, De Tham und Bui Vien.

Restaurants

- **La Cantine – On the 6**

6 Dong Khoi, Dist. 1, Tel. 08/38238866
Schickes Restaurant mit minimalistischem Dekor und vietnamesischer Haute Cuisine. Erlesene Spezialitäten, die ihren Preis haben. ●●●

- **Nam Kha**

46–50 Dong Khoi, Dist. 1
Tel. 08/38238309
Eine Vielfalt an vietnamesischen und westlichen Speisen in grandiosem, etwas kitschigem Ambiente. Oben befindet sich eine exklusive Weinbar. ●●●

- **Vietnam House**

93 Dong Khoi, Dist. 1
Tel. 08/38291623
Hier wird in ruhiger und eleganter Atmosphäre die bekannte Hue-Küche serviert. ●●

- **Temple Club**

29–31 Ton That Thiep, Dist. 1
Tel. 08/38299244
Angesagtes Restaurant in einer alten chinesischen Stadtvilla mit guter Fusion-Küche und schicker Lounge. Reservieren! ●●

- **Wrap & Roll**

63 Hai Ba Trung und 97B Nguyen Trai
Beide Dist. 1
Tel. 08/38222166 bzw. 39253639
Frische Frühlingsrollen und andere Köstlichkeiten für den kleinen und großen Hunger. Mehrere Filialen. ●●

- **Pho 24**

89 Nguyen Hue, Dist. 1
Solide Schnellküche mit guten Reisnudelsuppen. Mehrere Filialen. ●

Shopping

- **Nga Art and Craft**

49-57 Dong Du, Dist. 1
www.vietnam-art-craft.com
Ausgesuchtes vietnamesisches Kunsthandwerk.

- **Vietnam Quilts**

64 Ngo Duc Ke, Dist. 1
Von Landfrauen hergestellte Handarbeiten wie Decken und Kissen.

- Siehe auch das Special › S. 41.

Echt gut!

Selber kochen

Eine Reihe von Kochschulen bietet Ihnen die Gelegenheit, die Besonderheiten der vietnamesischen Küche kennen zu lernen. Zu den klassischen Angeboten zählt ein halbtägiger Kurs, der mit dem Gang auf den Markt beginnt, wo Sie zunächst die richtigen Zutaten besorgen. Gute Adressen sind:

- **Vietnam Cookery Center**

362/8 Ung Van Khiem, Binh Thanh, Ho-Chi-Minh-Stadt
Tel. 08/35122764
www.expat-services.com

- **Verticale Restaurant**

19 Ngo Van So, Hanoi
Tel. 04/36756266
www.didiercorlou.com

- **Morning Glory**

106 Nguyen Thai Hoc, Hoi An
Tel. 0510/3241555
www.restaurant-hoian.com

- **Red Bridge**

Thon 4, Cam Thanh, Hoi An
Tel. 0510/3933222
www.visithoian.com

Nightlife

Trendige Bars, hippe Diskotheken und lauschige Kneipen sprießen im schnelllebigen Saigon wie Pilze aus dem Boden. Hier einige empfehlenswerte Adressen:

■ **Sax n'Art Club**
28 Le Loi
www.saxnart.com
Nähe Rex-Hotel. Die richtige Adresse für gepflegte Jazz-Klänge, fast täglich Live-Sessions.

■ **Level 23 Nightspot**
Sheraton Saigon Hotel
88 Dong Khoi, Dist. 1
Schöne Bar mit toller Aussicht und Live-Musik. Zu später Stunde wird getanzt.

■ **Q Bar Saigon**
7 Lam-Son-Platz, Dist. 1
Bar an der Südseite des Stadttheaters. Die Cocktails sind so kalt wie das Publikum cool.

■ **Privé Lounge**
1. Stock, Parkson Building
45 Le Thanh Ton, Dist. 1
Derzeit einer der glamourösesten Nightspots von Saigon, ideal für Nachtschwärmer.

Ausflüge ab Ho-Chi-Minh-Stadt

Per Mietwagen können Sie die Tunnel bei **Cu Chi** und den Hauptsitz der Caodai-Sekte in **Tay Ninh**, 120 km nordwestlich von Saigon, besuchen. Dazu müssen Sie früh aufbrechen, um die Mittagszeremonie im Caodai-Dom nicht zu verpassen. Die Tagestour verläuft entlang der N 22 in Richtung Nordwesten. Nach etwa 30 km zweigt man rechts in eine Seitenstraße ab und fährt über mehrere Abzweigungen durch eine Kautschukplantage bis Ben Den, wo der erste von zwei Tunnelkomplexen liegt. Zurück auf der N 22 geht es dann weiter Richtung kambodschanische Grenze. Bei Go Dau biegt die Straße gen Norden ab und verläuft bis zur Provinzstadt Tay Ninh.

**Cu Chi 2

Im Tunnelsystem von Cu Chi versteckte die Bevölkerung schon 1948 Vorräte und Waffen vor den Franzosen, doch in den 1960er-Jahren wurde es zu einem regelrechten Labyrinth von 200 km Umfang ausgebaut. Ohne von den Tunneln zu wissen, bauten die Amerikaner einen Militärstützpunkt darauf und wunderten sich über nächtliche Sabotage. Als sie die Sache durchschaut hatten, versuchten sie mit allen Mitteln, das unterirdische Gängesystem zu zerstören: Weite Flächen wurden entlaubt, mit Diesel besprüht und mit Napalm bombardiert. Als dies nicht half, schickte man Schäferhunde in die Tunnel, die mit blutigen Nasen in die Flucht geschlagen wurden. Dann wurden die sogenannten »Tunnelratten« eingesetzt, kleinwüchsige Soldaten, die das Abwehrsystem jedoch genauso wenig knacken konnten. Zehntausende Soldaten und Zivilisten auf beiden Seiten kamen ums Leben.

Heute sind die Tunnel an zwei Orten, in **Ben Dinh** und im 15 km weiter gelegenen, und daher **weniger überlaufenen Ben Duoc,** für Besucher erweitert und befestigt. Ein Führer veranstaltet ein wenig Cowboy-und-Indianer-Spiel beim Suchen von Einstiegsschächten und auf dem Weg durch die kurzen Röhren.

**Tay Ninh 3

Außerhalb der Provinzhauptstadt **Tay Ninh** liegt der weitläufige Hauptsitz der Caodai (› s.u.). Von einem mächtigen Tor führt eine breite Prachtstraße zum großen **Dom**. Zwei quadratische Türme ragen über das flache Kirchenschiff auf, das sich an europäische Vorbilder anlehnt, aber knallbunt verziert ist. Überall leuchtet das Allsehende Auge in einem Dreieck, von dem neun Strahlen aus-

Sun Yatsen, Victor Hugo und Nguyen Binh Khiem: von den Caodai verehrt

Caodai

Im Jahr 1920 erschien dem Kolonialbeamten Ngo Van Chieu bei einer Séance ein strahlendes Auge, ein Ereignis, das in den folgenden Jahren auch einigen seiner Kollegen widerfuhr. 1926 gründeten sie die Caodai-Sekte (»Großer Palast«), die sich selbst als letzte Offenbarung der großen Weltreligionen versteht. Die Oberpriester empfangen Lehren und Anweisungen von in Trance versetzten Medien: schlagwortartige Aussagen der verschiedenen Religionen oder berühmter Persönlichkeiten, darunter der chinesische Republikgründer Sun Yatsen, der französische Schriftsteller Victor Hugo und der vietnamesische Dichter Nguyen Binh Khiem (1492 bis 1587).

Die Gemeinschaft ist hierarchisch organisiert; an der Spitze stehen Kardinäle und ein Papst. Ihre Mitglieder folgen strikten Vorschriften über Kleidung und vegetarische Ernährung, die Priester und Priesterinnen leben im Zölibat. Die Caodai waren nicht immer so friedliebend, wie sie heute erscheinen. Sie bauten eine Privatarmee auf und kontrollierten mit ihr die Provinz Tay Ninh. Erst der katholische Präsident Diem bekämpfte ihren Einfluss und entwaffnete sie. Nach anfänglichen Repressalien durch die kommunistische Führung können die heute etwa 2 Mio. Mitglieder ihren Glauben wieder unbehelligt praktizieren.

gehen – das Gottessymbol der Caodai. Die Neun spielt auch im Inneren des Doms eine Rolle, denn neun flache Stufen führen zu einer riesigen Weltkugel mit dem magischen Auge an der Stirnseite des Schiffes.

Jeweils um 6, 12, 18 und 24 Uhr ziehen die weiß gekleideten Gläubigen und die bunte Gewänder tragenden Würdenträger in den Dom ein und lassen sich vor dem Altar nieder. Während der Zeremonie müssen Besucher auf der Empore Platz nehmen, wo das Orchester auf traditionellen Instrumenten spielt.

Vung Tau 4

Zwar sind die Strände von Vung Tau nicht die besten, aber sie sind von Saigon (125 km) per Auto oder besser Expressboot in nur zwei Stunden zu erreichen. Zum Baden empfiehlt sich der **Hintere Strand** (Bai Sau). Auf einem Spaziergang gelangt man zur **Chua Ngoc Bich**, einer farbenfrohen Nachbildung der Einsäulenpagode von Hanoi. Die benachbarte **Chua Quan Am Nam Hai** ist der Göttin der Barmherzigkeit (Quan Am) gewidmet.

An der Spitze der Halbinsel blickt eine 30 m hohe Jesusfigur übers Meer. Die interessanteste Sehenswürdigkeit liegt am Nordende des Vorderen Strandes: die **Weiße Villa** (Bach Dinh). Das zweigeschossige Haus in einem Garten war einst die Residenz französischer Gouverneure und ist heute ein Museum.

Hotels

The Imperial Hotel
159–163 Thuy Van
Vung Tau
Tel. 064/3628888
www.imperialhotel.vn
Opulente Anlage mit 103 großen Zimmern. Schöner Pool. ●●●

Binh An Village
1 Tran Phu
Bai Truoc
Tel. 064/3510016
www.binhanvillage.com
Sehr hübsches Boutique-Resort mit zehn Zimmern und Villen direkt am Strand. ●●

Die Küste bei Long Hai

Die Strände nordöstlich von Vung Tau, vor allem jene, die sich an die Hafenstadt **Long Hai** 5 anschließen, sind schön und zumindest unter der Woche ruhig. Zudem gibt es dort eine Reihe komfortabler Resorts. In der Nähe von **Ho Tram** 6 erstreckt sich entlang der Küste das **Binh Chau-Phuoc Buu-Schutzgebiet** 7 mit einigen heißen Quellen.

Hotels

Anoasis Beach Resort
Ky Van, Long Hai
Tel. 064/3868227
www.anoasisresort.com.vn
Mehrere Villen verteilen sich in einem 13 ha großen Tropengarten. ●●●

Ho Tram Beach Resort & Spa
Phuoc Thuan, Xuyen-Moc-Dist.
Tel. 064/3781525
www.hotramresort.com

Sehr stilvolles Resort an einem ruhigen Strandabschnitt. Großer Pool, gutes Spa. ●●●

Phan Thiet 8

Die Hafenstadt Phan Thiet lebt vom Reichtum des Meeres. Während eine Armada bunter **Kutter in der Mündung des Ca-Ty-Flusses ein wunderbares Fotomotiv** abgibt, löst die allerorts angebotene Fischsoße vor allem unter den Vietnamesen kulinarische Freuden aus. Frühmorgens lohnt sich ein Besuch auf dem lebendigen Fischmarkt am Kai.

9 **Mui Ne 9

Östlich von Phan Thiet erstreckt sich der bekannte Küstenstreifen von Mui Ne: ein 22 km langes, schmales Band von Palmen und Strand, gesäumt von Dutzenden von Hotels und Resorts. Bei durchschnittlich nur 1000 mm Niederschlag im Jahr und 27°C Tagestemperatur können Sie sich dort ganz dem Strandleben hingeben. Es bietet sich ein Ausflug zu den **Roten Sanddünen** 10 an, die unweit des Fischerdorfes Mui Ne aufragen. Die wie ein Stück Sahara anmutenden ****Weißen Sanddünen** 11 liegen etwa 25 km nördlich von Mui Ne.

Info

www.muinebeach.net
Informative Website über den Strand von Mui Ne mit vielen Tipps und Links.

Hotels

■ **Cham Villas**
Nguyen Dinh Chieu
Tel. 062/3741234
www.chamvillas.com
Ruhiges Boutique-Resort mit 16 Bungalows in schönem Tropengarten. Pool. ●●●

■ **Coco Beach Resort**
Km 12,5, Ham Tien, Tel. 062/3847111
www.cocobeach.net

Die Roten Dünen von Mui Ne

34 klimatisierte Bungalows, ein großer Pool und ein gutes Restaurant versprechen Erholung. Besonders wer fürs Wochenende dort ausspannen möhte, sollte frühtzeitig reservieren, da es dann meist ausgebucht ist. ●●

■ **Mui Ne Sailing Club**
24 Nguyen Dinh Chieu
Tel. 062/3847440
www.sailingclubvietnam.com
Sehr angenehme Bungalow-Anlage mit Bar und Restaurant am Strand, Wassersportmöglichkeiten, Spa und Pool. ●●

Aktivitäten

Dank Windstärken um 18 Knoten an über 220 Tagen im Jahr herrschen hier hervorragende Bedingungen für Surfer. Bretter, Kites und wichtige Tipps zu Windverhältnissen und Strömung bekommt man bei:

Reste des ehemaligen Cham-Heiligtums Po Klong Garai aus dem 13. oder 14. Jh.

Jibe's Beach Club
90 Nguyen Dinh Chieu
Tel. 062/3847405
www.windsurf-vietnam.com.

Phan Rang-Thap Cham 12

Rund um die Doppelstadt Phan Rang-Thap Cham verteilen sich einige Siedlungen der Cham, darunter das 5 km südwestlich gelegene Dorf **Tuan Tu**, und mehrere bedeutende Heiligtümer. Der gedrungen wirkende *kalan* des **Po Ro Me** stammt aus dem 15./16. Jh. und ist von der N1A über die Abzweigung in Hau Sanh zu erreichen. Ein lohnenderes Ziel ist der auf einem Hügel thronende ***Po Klong Garai**. Der wahrscheinlich im 13./14. Jh. erbaute Cham-Tempel liegt nördlich der N27 nach Da Lat und besteht aus dem gut erhaltenen *kalan* mit Vorbau, einer Bibliothek und einem Eingangspavillon. Über dem Eingang des Vorbaus zeigt ein Steinrelief den tanzenden Gott Shiva. Hinter der Holztür blickt eine Statue des Stiergottes Nandi in den dunklen und engen quadratischen Innenraum. Dort ist Shiva durch einen Lingam verkörpert: Der Phallusstein hat ein eingeschnitztes Gesicht, das den Zügen eines Cham-Königs nachgebildet ist. Außen gliedern rechteckige Halbpfeiler die Wände des *kalan*, jede Seite besitzt einen Scheineingang, in dessen Nische Reliefs von meditierenden Asketen sitzen. Das dreistufige Dach ist stark durch aufgesetzte Ecktürme und weitere Nischen gegliedert.

An der N 1A, 14 km nördlich der Stadt, erhebt sich eines der ältesten Heiligtümer der Cham, **Hoa Lai**, aus dem 8./9. Jh. Achten Sie auf die feinen Verzierungen des nördlichen Ziegelturms.

10 **Nha Trang 13

Eine von Gebirgszügen geschützte Bucht, 300 Sonnentage im Jahr und durchschnittlich 27 °C – kein Wunder, dass sich Nha Trang unter den Vietnamesen großer Beliebtheit erfreut. Hier wird nicht gekleckert, sondern geklotzt: Entlang des breiten Strandboulevards Tran Phu ragen immer mehr Hoteltürme gen Himmel. Eine Seilbahn verbindet das Festland mit der touristisch erschlossenen Bambusinsel Hon Tre, einige Kilometer südlich der Stadt lockt ein riesiger Freizeitpark. Die 350 000 Einwohner zählende Hafenstadt an der Mündung des Cai-Flusses gibt sich zunehmend international. Wer Meeres- und Stadtluft schnuppern möchte, ist hier genau richtig. Der 6 km lange Sandstrand entfaltet mit seinen Cafés und Liegestühlen unter den Kokospalmen ein angenehmes mediterranes Flair.

Am Strandboulevard

Im **Pasteur-Institut** an der Uferstraße Tran Phu (nördl. Bereich) illustriert eine umfangreiche Ausstellung das Leben des Schweizer Arztes Alexandre Yersin (1863–1943). Der Entdecker des Diphtherie-Erregers hatte das Institut 1895 gegründet und sich durch wichtige Forschungen einen Namen gemacht. Yersin organisierte das Gesundheitswesen und gab der kolonialen Plantagenwirtschaft wichtige Impulse. (Mo–Fr 7–11, 14–16.30, Sa 7–11 Uhr).

Am Südende des Stadtstrandes auf der Landzunge Cau Da führt eine Straße zu den **Bao-Dai-Villen**, die 1923 für den letzten Nguyen-König auf einem Hügel errichtet wurden. Heute werden die fünf inmitten eines weitläufigen Gartens gelegenen Häuser als Hotel genutzt, wirken jedoch etwas vernachlässigt – dafür entschädigt **der schöne Meerblick.** Echt gut!

Sehr informativ ist das 1922 an der Südseite der Landzunge gegründete **Ozeanografische Institut** mit Tausenden von lebenden und präparierten Meeresbewohnern in Aquarien und Schaukästen (tgl. 6–18 Uhr).

Im Stadtzentrum

Von einem Hügel westlich des Bahnhofs, an der Ausfallstraße 23 Thang 10, überblickt seit 1967 eine weiß getünchte **Buddhafigur** die Stadt (schönes Panorama!) Die Figur ist über Treppen von der **Chua Long Son** aus zu erreichen. Die Bauten der 1886 gegründeten »Pagode des Drachenberges« stammen aus den 1940er-Jahren und später. Heute ist auf dem Gelände eine bedeutende Schule für Mönche angesiedelt.

Auf dem Weg nach Norden passiert man den bildhübschen **Fischerhafen**, wo blaue Boote in der Mündung des Cai-Flusses dümpeln. Die schönsten Motive bieten sich morgens von der Tran-Phu-Brücke und nachmittags von der Xom-Bong-Brücke aus. Vielleicht erblicken Sie dann auch Fischer in ihren wackligen Rundkörben › s.u.

Schwimmende Körbe

Sie sind in Nha Trang nicht zu übersehen: mit Pech versiegelte Korbboote von etwa 2 m Durchmesser. In ihnen stehen oder hocken die Passagiere, während der Kapitän das Stechpaddel bedient. Die Fischer lernen von Kindesbeinen an, mit den *thung chai*, »Pechkörbe«, genannten Booten umzugehen. Dabei nimmt wohl so mancher »Pechvogel« ein ungewolltes Bad. An manchen Stellen können sich auch Touristen in einem dieser Boote herumpaddeln lassen.

**Po Nagar

Gleich hinter der Xom-Bong-Brücke ragt auf der linken Seite die bedeutendste Sehenswürdigkeit der Stadt auf, das Cham-Heiligtum Po Nagar. Schon im 4. Jh. soll auf diesem Hügel ein Tempel zu Ehren der »Himmlischen Mutter der Königsstadt«, Po Yang Ino Nagar, gestanden haben. Unter den heute erhaltenen, zwischen dem 9. und 13. Jh. errichteten Gebäuden ist eine 817 eingeweihte **Vorhalle** mit achteckigen Säulenstümpfen das älteste.

Eine Treppe führt den Hügel hinauf zu dem als Nordturm bezeichneten **Haupttempel** aus dem 11. Jh. Ausgeprägte Doppelpilaster und Arkaden schmücken den knapp 23 m hohen *kalan*, kleine Türme und Figuren dessen dreistöckiges Dach. In die Sandsteinrahmen des Eingangs sind zwischen dem 11. und 13. Jh. verfasste Schenkungsberichte eingraviert, darüber zeigt der Ziergiebel die auf dem Wasserbüffel-Dämon Mahisha stehende Durga. Im Innern blieben die beiden einzigen Holztüren von Cham-Heiligtümern erhalten. Sie geben den Blick frei auf die Po Yang Ino Nagar, dargestellt als vielarmige Göttin. Dreimal jährlich werden ihre prachtvollen Gewänder im Rahmen einer großen Zeremonie gewechselt.

Die anderen vier erhaltenen Türme waren weniger wichtigen Göttern geweiht, etwa der niedrige, mit Tiergöttern geschmückte **Nordwestturm** (10. Jh.) dem elefantenköpfigen Ganesh.

Inseln in der Bucht

In der Bucht liegen mehrere Inseln verstreut, die 2001 zum »Meeresschutzgebiet Hon Mun« erklärt wurden. Zur größten, **Hon Tre,** führt eine Seilbahn. Auf der »Bambusinsel« sorgen schöne Strände und ein großes Resort samt Freizeitpark für einen steten Besucherstrom. Die benachbarte, etwas südlich gelegene **Hon Mieu** birgt die kuriose Betonkopie eines Piratenschiffes, das in mehreren Becken und Aquarien die bunte Meeresfauna präsentiert. Am weitesten ist es bis **Hon Yen,** der Schwalbeninsel, wo mutige junge Männer in die Felsen klettern und die Nester der Weißnest-Salangane ernten, wenn die Jungen ausgeflogen sind. Die hauptsächlich aus Speichel bestehenden harten Gebilde gelten in einigen asiatischen Ländern als Delikatesse.

Hon-Chong-Felsen

Die Ausfallstraße namens 2 Thang 4 führt zum Hon-Chong-Felsen am nördlichen Strand von Nha Trang. Auf dem Felsen können Sie einen ca. 1 m großen Handabdruck erkennen. Der Legende zufolge schaute eines Tages ein im Himmel lebender Riese einer Fee beim Nacktbaden zu. Zur Strafe fiel er buchstäblich aus allen Wolken; die beiden verliebten sich ineinander. Die Götter aber verbannten den Riesen. Vergeblich wartete die Fee auf seine Rückkehr, schließlich legte sie sich nieder und erstarrte zu Stein, dem Feenberg. Nach langer Zeit kehrte der Riese zurück und erkannte die Fee im Berg. Da verneigte er sich vor ihr, hinterließ dabei den Handabdruck und wurde ebenfalls zu Stein.

Info

Khanh Hoa Tourism
1 Tran Hung Dao
Tel. 058/3822753

! Der Flughafen von Nha Trang dient nur militärischen Zwecken. Zivilmaschinen landen 35 km südlich in Cam Ranh. Jeweils zwei Stunden vor Abflug einer Maschine fährt ein Bus vom Eingang des Flughafens in Nha Trang nach Cam Ranh, Preis 2 $.

Hotels

■ **Sunrise Nha Trang Beach Hotel & Spa**
12–14 Tran Phu, Tel. 058/3820999
www.sunrisehotelvietnam.com
Protzig-mondänes 5-Sterne-Hotel mit allen Annehmlichkeiten. Gutes Spa.
●●●

■ **Six Senses Hideaway Ninh Van Bay**
Halbinsel Hon Heo
Tel. 058/3728222
www.sixsenses.com
Das Edel-Resort auf einer Halbinsel nordöstlich von Nha Trang bietet Luxus pur. – inkl. Pool und Freiluft-Spa. Siehe Foto Seite 21). ●●●

■ **Vinpearl Resort**
Hon Tre
Tel. 058/3598188
www.vinpearlresort.com
Riesiger Hotelkomplex mit großem Pool, Wassersportangebotbietet und mehreren Restaurants. ●●●

■ **Evason Ana Mandara**
86 Tran Phu
Tel. 058/3522222
www.sixsenses.com

Das noble Resort vermietet Bungalows in einem Garten direkt am Strand. ●●●

■ **Novotel Nhatrang**
50 Tran Phu
Tel. 058/6256900
www.novotel.com
Hotelkasten mit 154 schönen, meist kleinen Zimmern (mit Meerblick). ●●

■ **Perfume Grasse Inn**
4 A Biet Thu
Tel. 058/3524286
www.perfume-grass.com
Nettes Minihotel mit schlichten, aber sauberen Zimmern. Gutes Essen. ●

Restaurants

Viele Lokale sind im Viertel zwischen der Biet Thu und der Tran Quang Khai angesiedelt.

■ **Nha Trang Sailing Club**
72-74 Tran Phu
Der Club verfügt über drei stilvolle Restaurants direkt am Strand: Casa Italia, Taj Mahal und das Sandals Restaurant. ●●

■ **Ngoc Suong Seafood Restaurant**
96 A Tran Phu
In einem Pavillon am Strandboulevard wird fangfrisches Seafood serviert. ●

Shopping

■ **Cho Dam,** der auch architektonisch gelungene »Markt im Sumpf« bietet die typische Warenvielfalt eines Stadtmarktes.

■ **Long Thanh**
126 Hoang Van Thu
Tel. 058/3824875
www.longthanhart.com
Vietnams bekanntester Fotograf verkauft in seinem Atelier stimmungsvolle Schwarz-Weiß-Aufnahmen von Land und Leuten.

Nightlife

Nach Sonnenuntergang ist in Nha Trang durchaus was los, beispielsweise in der Disco der **Nha Trang Lodge** oder zu später Stunde im **Nha Trang Sailing Club** (beide liegen am Strandboulevard Tran Phu). Viele Kneipen reihen sich zudem entlang der Nguyen Thien Thuat.

Aktivitäten

Für Familien und Wassersportfreunde bieten sich viele Möglichkeiten. Außerdem arrangieren mehrere Tauchschulen Fahrten zu den Tauchgründen bei Hon Mun:

■ **Rainbow Divers**
90 A Hung Vuong
Tel. 058/3524351
www.divevietnam.com

■ **Sailing Club Divers**
72-74 Tran Phu
Tel. 058/3522788
www.sailingclubvietnam.com

■ Der familienfreundliche **Nha Trang Wonderpark,** 14 km südlich der Stadt, bietet eine Poollandschaft und vielfältige Sportmöglichkeiten direkt an der Küste. Golfer finden ihr Glück im benachbarten **Diamond Bay Resort.**

■ Auch der **Vinpearl Amusement Park** auf der Insel Hon Tre bietet ein vielfältiges Freizeitangebot für Groß und Klein, Info: **www.vinpearlland.com.**

**Da Lat 14

Die »Stadt des ewigen Frühlings« trägt ihren Namen angesichts der angenehmen klimatischen Bedingungen zu Recht. Alexandre Yersin › S. 117 hatte 1893 bei einer Expedition die Vorzüge des 1500 m hoch gelegenen Plateaus

Im Hochland von Vietnam gedeiht vorzüglicher Tee

erkannt und der Kolonialverwaltung den Aufbau eines Kur- und Erholungsortes an dieser Stelle empfohlen.

Der Vorschlag gefiel, und so wurden 1899 die ersten Grundsteine gelegt. In den folgenden Jahrzehnten trieb die Grande Nation den Ausbau der Infrastruktur schnell voran. Die Straße von Phan Rang war 1914 fertiggestellt, 1938 der architektonisch gelungene Bahnhof.

Mit dem Bau von Hotels, Kirchen und Villen nahm Da Lat das Gesicht einer europäischen Stadt an. In den 1930er-Jahren lebten über 2000 Franzosen hier. Auch die neuen Machthaber im Süden schätzten den Ort. Präsident Diem konfiszierte die Villen für seine Familie und die Militärs.

Seit den 1990er-Jahren wählen immer mehr Vietnamesen Da Lat zum bevorzugten Ziel ihrer Flitterwochen. Inzwischen leben über 200 000 Menschen hier. Ihr Einkommen erzielen sie überwiegend aus der Landwirtschaft und dem Tourismus. Dabei geraten auch die Lat und andere Bergvölker zur Sehenswürdigkeit. Im 19. Jh. waren sie noch unter sich, woran der Stadtname erinnert: *da lat* bedeutet »Fluss der Lat«.

Unterwegs in der Stadt

An Sehenswürdigkeiten hat Da Lat wenig zu bieten, aber auf Spaziergängen oder Kutschfahrten kommen Sie an einigen markanten Punkten des weitläufigen Ortes vorbei. Das Zentrum liegt rund um den **Markt,** auf dem das Obst aus der Umgebung verkauft wird. Über die Le Dai Hanh gelangen Sie zum kleinen Staudamm für den **Xuan-Huong-See,** der nach einer Dichterin aus dem 19. Jh. benannt ist. Südlich des Sees liegen am Hang die Kolonialhotels Dalat Palace und Novotel, überragt von der **Kathedrale** (1942). Vorbei am ehemaligen Petit Lycée Yersin, heute Kulturinstitut, und dem Pasteur-Institut für Naturwissenschaften gelangen Sie zur 1938 erbauten **Sommerresidenz von Bao Dai,** dem letzten vietnamesischen König (tgl. 7.30–11.30, 13.30–16.30 Uhr).

Entlang des südlichen Seeufers in Richtung Westen kommt man über die Tran Hung Dao zur **ehemaligen Residenz des Generalgouverneurs** (1933). Die heute als Hotel genutzte Villa in einem großen Rosengarten ist stilistisch stark von Art nouveau und Art déco geprägt.

Weiter südlich entstanden ab den 1940er-Jahren, als immer mehr Vietnamesen hier siedelten, mehrere buddhistische Tempel. Nördlich des Sees breitet sich der 1922 angelegte **Golfplatz** aus. Nicht weit östlich davon liegt ein attraktiver **Blumengarten.**

Info

Dalattourist
1 Nguyen Thi Minh Khai
Tel. 063/3822520
www.dalattourist.com.vn
Rege Touristenorganisation. Man kann hier Ausflüge und Villen buchen.

Hotels

■ **Sofitel Da Lat Palace**
12 Tran Phu
Tel. 063/3825444
www.sofitel.com
1922 eröffnetes Kolonialhotel mit schönem Blick, das nach ausgiebiger Renovierung in zauberhaftem Glanz erstrahlt. ●●●

■ **Saigon Dalat Hotel**
2 Hoang Van Thu
Tel. 063/3556789
www.saigondalathotel.com
■ Das glanzvolle 160-Zimmer-Haus im kolonialen Retro-Stil biett jeden Komfort. ●●●–●●

■ **Mercure Dalat Du Parc**
7 Tran Phu, Tel. 063/3825777
www.mercure.com
Dalats zweites 1932 eröffnete Traditionshotel verbindet moderne Einrichtung mit kolonialem Charme. Die 140 Zimmer sind jedoch recht klein. ●●

■ **Crazy House (Hang Nga Villa)**
3 Huynh Thuc Khang
Tel. 063/3822070
Fax 063/3831480
Eine Unterkunft, die nicht jedermanns Sache, aber originell ist: Die einfachen Zimmer befinden sich in zwei Baumhäusern aus Beton. ●

Restaurants

■ **Huong Tra**
1 Nguyen Thai Hoc
Mit Blick auf den See. Hier erhält man alle Gerichte, von Fisch bis Fleisch, in dekorativen Tontöpfen. ●

■ **Nam Son**
54 Khu Hoa Binh
Das einfache Lokal oberhalb des Marktes hat eine große Auswahl schmackhafter Speisen. ●

■ **Thuy Ta**
1 Yersin
Durchschnittliches Essen, aber herrlicher Blick, denn das Gebäude steht auf Stelzen im Xuan-Huong-See. ●

Aktivitäten

Dalat Palace Golf Club
Tel. 063/3821201
www.dalatpalacegolf.vn

Schöne 18-Loch-Anlage aus dem Jahr 1922.

Ausflüge ab Da Lat

Seufzersee und Tal der Liebe

Etwa 6 km nordöstlich von Da Lat weckt der **Seufzersee** Erinnerungen an ein unglückliches Mädchen, das sich hier aus Liebeskummer ertränkt haben soll. 5 km nördlich der Stadt zieht das **Tal der Liebe** vorwiegend junge Paare an. Sie steigen den Hügel hinauf, vorbei an ungezählten Erfrischungs- und Verkaufsständen, um von oben einen Blick auf den kaffeebraunen See im Tal zu genießen.

Robin Hill und Paradiessee

Robin Hill und **Paradiessee** (Ho Tuyen Lam), 2 km südlich von Da Lat, sind ebenfalls beliebte Ausflugsziele, besonders weil eine 2,3 km lange Seilbahn die beiden Orte miteinander verbindet und traumhafte Ausblicke in die Umgebung gewährt.

Wasserfälle

Entlang der Nationalstraße 20 in Richtung Ho-Chi-Minh-Stadt breiten sich vielerorts Maulbeerbaum- und Kaffeeplantagen aus, während Teebüsche sich wie grüne Teppiche in die Hügellandschaft schmiegen. Teils von der Straße, teils nach Abstechern, können Sie mehrere Wasserfälle besuchen. Einen richtigen Picknickpark gibt es an den **Prenn-Fällen,** 12 km südlich von Da Lat, wo ein Fluss auf 30 m Breite ganze 15 m in die Tiefe stürzt.

An den Prenn-Fällen

Cat-Tien-Nationalpark

Naturinteressierten empfiehlt sich der **Cat-Tien-Nationalpark** **15**, ein Refugium für Nashörner, Elefanten und anderes Großwild. Dazu muss man in Ma Da Gui, 50 km südlich von Bao Loc, von der N 20 abbiegen und 23 km weiter bis zum Parkeingang fahren. Auf den verschiedenen Wanderwegen wird man mit Glück eine der 360 Vogelspezies erspähen und mit Sicherheit auf die Insektenwelt treffen.

Einfache Übernachtungsmöglichkeiten gibt es in der Nähe des Parkbüros (www.namcattien.org, Tel. 061/3669228).

Das Mekong-Delta

Nicht verpassen!

- In My Tho Elefantenohrfisch probieren
- Über die Uferpromenade in Can Tho flanieren
- Mit der Fahrradrikscha durch Chau Doc fahren
- Die einsamen Strände bei Ha Tien erkunden
- Auf Phu Quoc den Sonnenuntergang erleben

Zur Orientierung

Aus der Vogelperspektive wirkt das Delta wie ein grün-blaues Labyrinth aus breiten Strömen und fadendünnen Kanälen. Wegen seiner vielen Flussarme nennen die Vietnamesen das Gebiet Cuu Long, »Neun Drachen«. Mit 40 000 km² fast so groß wie die Schweiz, bietet es nahezu 23 Millionen Menschen – fast ein Viertel der Gesamtbevölkerung – eine Heimat. Sie leben vom natürlichen Reichtum der südlichsten Landesspitze. Reisernten sind bis zu dreimal im Jahr möglich, über die Hälfte des nationalen Gesamtertrags stammt von hier. Auch der Obstanbau und die Fischzucht spielen eine wichtige Rolle. Touristen zeigt sich der Reichtum des Deltas auf einer stimmungsvollen Bootsfahrt. Dabei können sie in die üppige tropische Vegetation und das Leben der Menschen am Flussufer eintauchen.

Das nur 70 km südwestlich von Saigon gelegene **My Tho** gilt als Tor zum Delta und wird daher von vielen Tagestouristen besucht, die auf Bootsfahrten die Flussinseln ansteuern. Eine weitere, zu Recht sehr populäre Tourvariante verläuft von Cai Be nach **Vinh Long**. Dabei besucht man Obstplantagen, einen schwimmenden Markt und durchfährt verschiedene Kanäle. **Can Tho** im Herzen des Deltas eignet sich als Übernachtungsstopp und Ausgangspunkt für den Besuch von schwimmenden Märkten in der Umgebung. Per Boot auf dem Hau Giang oder mit einem Wagen entlang einer Landstraße kann man in Richtung kambodschanischer Grenze nach **Chau Doc** weiterfahren. Dort leben in umliegenden Dörfern Angehörige der Cham und Khmer, während schwimmende Häuser der Fischzucht dienen. Auch lohnt sich ein Abstecher zum Pilgerberg **Nui Sam**.

Das Mekong-Delta – ein weitverzweigtes Netz von Flussarmen

Viele Reisende verlassen Vietnam über Chau Doc und fahren per Schnellboot in die Hauptstadt Kambodschas, Phnom Penh, weiter. Dagegen reisen bislang nur wenige Touristen an den Golf von Thailand, etwa zur Hafenstadt **Rach Gia** und in das sehr idyllisch gelegene **Ha Tien**. Zwischen diesen beiden, 92 km voneinander entfernten Orten erstreckt sich eine sehr interessante Küstenlandschaft. Die Insel **Phu Quoc** schmiegt sich an das kambodschanische Festland und ist von Saigon aus in nur einer Flugstunde zu erreichen. Ansonsten bleibt der Seeweg oder das Flugzeug von Rach Gia. Das tropische Eiland eignet sich mit seinen attraktiven Stränden und Resorts als geografischer und zeitlicher Abschluss einer Vietnamreise von Nord nach Süd.

Touren in der Region

Durch lebendige Flusslandschaften

9 Saigon › My Tho › Can Tho › Chau Doc › Saigon

Länge: 600 km
Dauer: 4 Tage
Praktische Hinweise: Mehrere in Saigon angesiedelte Agenturen bieten Touren ins Mekong-Delta in allen möglichen Preissegmenten und Varianten an. Darin sind auch immer Bootsausflüge eingeschlossen. Individuell lässt sich die Fahrt bis Chau Doc nur mit großem Zeitaufwand organisieren.

Von der südvietnamesischen Metropole geht es zunächst nach **My Tho** › S. 127 und von dort vorbei an ***Vinh Long** › S. 129 nach ****Can Tho** › S. 129. Die stark befahrene Strecke ist eher eintönig. Daher sollten Sie unterwegs unbedingt eine Bootstour einbauen, etwa von Cai Be nach Vinh Long.

Can Tho bietet sich als Übernachtungsstopp an, um von dort per Boot die umliegende Flusslandschaft zu erleben. Bis nach ***Chau Doc** › S. 132 sind es 117 km entlang einer belebten Landstraße, die einen sehr schönen Einblick in das Delta-Leben gibt. Man passiert Kanäle mit Fischernetzen und die Städte Thot Not (lebendiger Markt!) und Long Xuyen. Wer nicht ins 300 km entfernte Saigon zurückfahren will, kann von Chau Doc nach Kambodscha weiterreisen.

An den Golf von Thailand

10 Can Tho › Rach Gia › Hon Chong › Ha Tien › Phu Quoc

Länge: 212 km
Dauer: 4 Tage
Praktische Hinweise: Für diese Fahrt sollten Sie in Can Tho einen Wagen mit Fahrer mieten. Von Rach Gia oder Phu Quoc können Sie zurück nach Saigon fliegen.

Diese Strecke ist touristisches Entwicklungsgebiet, denn bislang reisen nur wenige Besucher von der Delta-Metropole ****Can Tho** › S. 129 in Richtung Golf von Thailand. Dabei ist diese Variante sehr reizvoll, denn einerseits haben Sie auf der Fahrt entlang der N 80 die Möglichkeit, das ländliche Leben kennenzulernen, zum anderen erwartet Sie zwischen dem lebendigen Ort **Rach Gia** › S. 132 und dem einladenden ***Ha Tien** › S. 133 eine landschaftlich sehr attraktive Strecke: Entlang der Küste haben Sie immer wieder schöne Ausblicke aufs Meer. Unterwegs lohnt sich eine Badeunterbrechung auf der Halbinsel **Hon Chong** › S. 133. Von Rach Gia aus können Sie per Fährboot oder Flugzeug zur Insel ****Phu Quoc** › S. 134 weiterreisen. Dort locken verträumte Strände und lauschige Resorts.

Verkehrsmittel

Rach Gia, Can Tho und die Insel Phu Quoc verfügen über Flughäfen, die mehrmals täglich von Saigon aus angesteuert werden. Die Straßenverhältnisse im Delta sind gut, und es herrscht ein reger Busverkehr zwischen den Hauptorten. Auch Wagen mit Fahrer sind über Hotels und die staatlichen Verkehrsämter leicht zu buchen. Letztere arrangieren außerdem Bootstouren in die Umgebung.

Unterwegs im Mekong-Delta

My Tho 16

Die Stadt (200 000 Einwohner) liegt 70 km südlich von Saigon, zwischen dem linken Ufer des Tien Giang und dem Bao-Dinh-Kanal. 1697 von chinesischen Einwanderern gegründet, entwickelte sich My Tho schnell zum Handelszentrum – kein Wunder, waren von hier aus doch sowohl Kambodscha als auch Saigon auf dem Wasserweg zu erreichen. 1883 bauten die Franzosen eine (mittlerweile stillgelegte) Eisenbahnstrecke nach Saigon.

Zwischen Fluss und Kanal breitet sich das lebendige **Marktviertel** aus. Mitten in diesem Gewirr versammelt sich die chinesische Gemeinde aus Fujian in ihrer **Hoi Quan**. Die 1849 gestiftete **Chua Vinh Trang** am Stadtrand wirkt wie eine bunte Kirmes.

Info

- **Tien Giang Tourist**
  8, 30 Thang 4

Lebensader Asiens

Der mächtige Mekong entspringt bescheiden im Hochland von Tibet. Sein Name leitet sich aus dem Thai ab und bedeutet »Mutter Wasser«. Gemächlich fließt er über rund 4600 km durch Südwestchina, Birma, Thailand, Laos und Kambodscha, wo er sich südlich von Phnom Penh teilt: in den Tien Giang, den »Oberen Fluss«, und den Hau Giang, den »Unteren Fluss«. In Vietnam spaltet er sich in neue Arme auf und ergießt sich nach weiteren 220 km ins Meer. Die äußerste Südostspitze des Landes liegt nur wenige Meter über dem Meeresspiegel, ist weitgehend von Mangroven bedeckt und wird während der Regenzeit häufig überschwemmt und versalzt. Die fruchtbaren Schwemmböden liegen also weiter landeinwärts. Überschwemmungskatastrophen wie im Norden sind hier unbekannt: Der Mekong hat ein natürliches Abflussbecken, den Tonle-Sap-See in Kambodscha. Bei Hochwasser fließt das Wasser über den Tonle-Sap-Fluss in den See ab.

Spuren einer Besiedlung des Deltas lassen sich 2000 Jahre zurückverfolgen. Hier lag Funan, das erste indisierte Staatengebilde Südostasiens. Sein Aufstieg begann im 1. Jh., als es über seinen Hafen in Oc Eo – zwischen Long Xuyen und Rach Gia gelegen – den Seehandel kontrollierte und Kontakte zu Persien, Indien, China und sogar dem Römischen Reich unterhielt. Ab dem 7. Jh. wurde Funan von den immer mächtiger werdenden Khmer-Herrschern abgelöst. Im 17. Jh. drängten die Viet in die Region und begannen das Gebiet verstärkt urbar zu machen. Auch chinesische Migranten ließen sich nieder und gründeten eigene Siedlungen, u.a. My Tho und Can Tho. Doch erst unter den Franzosen, die das Delta der 1862 etablierten Kolonie Cochinchina einverleibten und zahlreiche neue Kanäle graben ließen, begann die fruchtbare Landschaft zur Reiskammer Vietnams aufzusteigen.

Tel. 073/3873184
Die staatliche Agentur arrangiert Bootstouren und Ausflüge.

Ausflug zu den Flussinseln

My Tho dient vor allem als Ausgangspunkt für Bootsausflüge zu mehreren Flussinseln, allen voran zur **Einhorninsel** (Thoi Son) mit ihren tropischen Obstgärten. Die benachbarte **Phönixinsel** (Con Phung) verfällt zusehends und wird kaum noch angesteuert, seit der »Kokosnuss-Mönch« Ong Dao Dua, der hier samt seiner Anhängerschaft residierte, 1990 verstarb. Für Bootstouren bieten sich auch die **Drachen-** (Con Long) und **Schildkröteninsel** (Con Qui) an.

*Vinh Long 17

Auch die Stadt des »Ewigen Drachen« (100 000 Einwohner) lockt mit erlebnisreichen Flussfahrten. Sie erstreckt sich 130 km von Saigon entlang des Flusses Co Chien, der sich hier vom Tien Giang abspaltet. 7 km nördlich überspannt die 1535 m lange **My-Thuan-Brücke** den Strom.

Von der Uferpromenade verkehrt unregelmäßig eine Fähre auf die Flussinsel **An Binh,** auf der Sie eine **Radtour durch kleine Dörfer und endlose Obstplantagen** unternehmen können. Sehr beliebt sind auch Bootsausflüge zum schwimmenden Markt von **Cai Be.**

Info

Cuu Long Tourist
1 Thanh 5
Tel. 070/3823616
Arrangiert Bootstouren zu den Flussinseln sowie zwischen Cai Be und Vinh Long.

Hotel

Cuu Long Hotel B
1 Phan Boi Chau
Tel. 070/3823656
www.cuulongtourist.com
Die beste Bleibe der Stadt wirkt trotz guter Flusslage und geräumiger Zimmer recht nüchtern. ●●

**Can Tho 18

Mit 500 000 Einwohnern ist Can Tho, 170 km südwestlich von Ho-Chi-Minh-Stadt, die größte Stadt im Delta und dessen wichtigstes Handelszentrum.

Die 1915 erbaute **Markthalle** am Fluss hat sich ihren Charme bewahrt und lädt mit ihren vielen Geschäften und einem offenen Restaurant nach einem Bummel entlang der **Uferpromenade** zum Verweilen ein.

An der Einfallstraße Hoa Binh liegt das 1946 gegründete Khmer-Kloster **Munirangsayaram,** in dem immer noch einige Theravada-Mönche leben. Sehenswert ist auch die **Alte Villa** (Nha Co) in dem Ort Binh Thuy, 6 km nördlich von Can Tho. Ende des 19. Jhs. errichtet, diente sie als Kulisse des 1991 gedrehten Kinofilms »Der Liebhaber« (nach dem gleichnamigen Roman der Französin Marguerite Duras › S. 139).

Special

Unterwegs auf Flüssen

Auf schlanken Ruderbooten und bauchigen Reisbarken, in wackeligen Korb- und bunten Fischerbooten, auf überfüllten Fähren und rostigen Frachtern sind im Delta und vor der Küste alltäglich Hunderttausende von Vietnamesen unterwegs. Auch Touristen bieten sich zahlreiche Möglichkeiten, dieses gewaltige Flusslabyrinth zu erkunden.

Veranstalter

■ **Trans Mekong**
97/10 Ngo Quyen, Can Tho
Tel. 071/3829540
www.transmekong.com
Der Veranstalter bietet mit seinen beiden Booten mehrtägige Fahrten auf den Mekong-Armen an. Sehr beliebt ist die dreitägige Tour von Can Tho über Ben Tre nach Cai Be (und umgekehrt).

■ **Mekong Horizon**
49 Hamlet 5, Phu An, Cai-Lay-Dist.
Tien-Giang-Provinz
Tel./Fax 073/3924658, 09/389678036
mekonghorizon@yahoo.com
Schöne Touren mit traditionellen Booten. In den lauschigen Song Xanh Sampan, überdachten Holzbooten für 2 bis 4 Pers., kann man auch übernachten.

■ **Le Cochinchine**
Tel. 08/39934552
www.lecochinchine.com
In einer umgebauten Reisbarke für 20 Personen kreuzt man mehrere Tage über Kanäle und Ströme.

Nach Kambodscha

Zwischen Chau Doc und der kambodschanischen Hauptstadt-Phnom Penh verkehren täglich Schnellboote in nur 5–6 Stunden (ein Kambodscha-Visum ist an der Grenze erhältlich).

■ **Tu Trang Travel**
20, 91/93, 30 Thang 4, Can Tho
Tel. 0710/3752436
www.tutrangtravel-mekongfeeling.vn

■ **Blue Cruiser**
59/3 B Pham Viet Chanh, Dist.1
Ho-Chi-Minh-Stadt
Tel. 08/3926253, 39260290
www.bluecruiser.com

Karte Seite 100

Info

Can Tho Tourist
20 Hai Ba Trung
Tel. 0710/3821852
Vermittelt Bootstouren zu den schwimmenden Märkten.

Hotels

■ **Victoria Can Tho**
Cai Khe Ward
Tel. 0710/3810111
www.victoriahotels-asia.com
Das Resort im Kolonialstil mit offener Lobby, großem Pool und gutem Spa liegt direkt am Fluss. ●●●

■ **Can Tho Golf**
2 Hai Ba Trung
Tel. 0710/3812210
www.vinagolf.vn
Großer Hotelkasten an der Uferpromenade. Nette Zimmer, schöne Dachterrasse. ●●

Restaurant

Nam Bo
50 Hai Ba Trung
Tel. 0710/3812024
Beliebtes Lokal an der Uferstraße in schmuckem Kolonialbau. Bietet leckere vietnamesische Gerichte. Oft voll, daher besser reservieren. ●●

11 Ausflug zum schwimmenden Markt

Kein Besuch im Delta wäre vollständig ohne eine Bootsfahrt zu einem der schwimmenden Märkte *(cho noi)*. Sie finden an Knotenpunkten von Kanälen und Flüssen statt und sind wichtige Warenumschlagplätze. Der Markt von **Cai Rang** liegt 7 km den Can-Tho-Fluss stromaufwärts. Aufgrund seiner Nähe zu Can Tho ist er zwar recht touristisch, aber wenn Sie früh starten, vermeiden Sie Besuchermassen und Hitze.

Marktboote im Mekong-Delta

Weitere Märkte finden in **Phong Dien** statt, 15 km stromaufwärts; in **Tra On** am Hau Giang, 22 km südöstlich von Can Tho, und in **Phung Hiep,** 33 km südwestlich von Can Tho. Letzterer liegt nahe der Nationalstraße 1A und kann mit einem Besuch der Khmer-Stadt Soc Trang verbunden werden.

**Chau Doc 19

Das sympathische Chau Doc, 117 km nördlich von Can Tho, gilt als Tor nach Kambodscha (für Touristen und Schmuggler). Im Umland leben viele Khmer und Cham. Ein netter Spaziergang durch das Zentrum führt am lebendigen **Markt** und einigen einfachen Tempeln vorbei. Sehenswert ist der 1926 erbaute **Dinh Chau Phu** an der Uferstraße. Die angebotenen Bootstouren führen zum **Cham-Dorf Chau Giang** und zu **schwimmenden Häusern,** unter denen in Käfigen der Pangasiusfisch *(ca ba sa)* gezüchtet wird. Echt gut! **Schnellboote fahren über die Grenze** bei Vinh Xuong/Kaam Samnor bis nach Phnom Penh (4–5 Std., Infos im Victoria Hotel un im Special S. 130).

Hotel

Victoria Chau Doc
32 Le Loi
Tel. 076/3865010
www.victoriahotels-asia.com
Das im Kolonialstil erbaute Haus direkt am Fluss ist die schönste Unterkunft im Ort. Internationales Restaurant und urige Bar. ●●–●●●

Ausflug zum *Nui Sam 20

Wichtigstes Ausflugs- und Pilgerziel ist der 3 km westlich gelegene, 230 m hohe Nui Sam, auf dem und um den sich mehrere Tempel verteilen. Die bunte **Chua Tay An** wirkt mit ihren vielen buddhistischen, daoistischen und hinduistischen Statuen wie ein multireligiöses Tuttifrutti. Im neueren **Mieu Ba Chua Xu** opfern Gläubige der Göttin Ba Chua Xu Spanferkel und Obst, während schräg gegenüber Grab und Tempel von **Thoai Ngoc Hau,** einem Beamten der Nguyen-Dynastie, liegen. Von der buddhistischen **Chua Hang** am Südwesthang reicht der Blick bis nach Kambodscha.

Rach Gia 21

Vor Long Xuyen biegt die N 80 Richtung Küste ab und führt parallel zum Thoai-Ha-Kanal an den 50 km entfernten Golf von Thailand. Dort liegt zwischen zwei Armen des kanalisierten Flusses Cai Lon die Hafenstadt Rach Gia (200 000 Einw.). Sie ist ein Zentrum des Fischfangs sowie der Zucht von Garnelen und anderen Meerestieren, die am **Hafen** zum Export auf Schiffe oder Lastwagen verladen werden.

Wenn Sie vom **Markt** der Tu-Duc-Straße über den nördlichen Kanal folgen und dann links abbiegen, gelangen Sie zum **Den Nguyen Trung Truc**, in dem des berühmten gleichnamigen Widerstandskämpfers gegen die Franzosen gedacht wird. Truc gehörte 1861 zu den Angreifern auf das vor Vung Tau liegende Kriegsschiff »L'Espérance« und wurde dafür 1868 in Rach Gia hingerichtet. Durch schmale Straßen zwischen Gärten mit kleinen Häusern gelangen Sie zur großen **Chua Phat Lon,** einem schlichten

Chua Tay An

Khmer-Tempel mit einer großen Buddhastatue.

Hotel

Thuan Thien
55-56 Dong Da/Ton That Tung
Tel. 077/3927979
Freundliches Stadthotel mit 24 sauberen Zimmern. ●

*Ha Tien 22

Von Rach Gia führt die landschaftlich sehr schöne Küstenstraße N 80 ins 92 km entfernte Ha Tien (100 000 Einw.). Unterwegs lohnt sich nach etwa 60 km ein **Abstecher auf die Halbinsel Hon Chong** mit ihren schönen Tempeln und Stränden.

Das sympathische Ha Tien liegt kurz vor der Mündung des To Chau in den Golf von Thailand, nur 6 km von der Grenze zu Kambodscha entfernt. Die Region, die lange zum Khmer-Reich gehörte, war Mitte der 1970er-Jahre immer wieder Ziel grausamer Überfälle der Roten Khmer. Sie wollten sich jenes Land zurückholen, das der Chinese Mac Cuu 1708 Vietnam angegliedert hatte. Mac Cuu kontrollierte als Gouverneur mit seinem Klan das gesamte Gebiet und hatte es unter den Schutz der in Hue herrschenden Nguyen-Fürsten gestellt.

Entlang des Flussufers zieht sich ein kleiner **Markt,** und einige Cafés haben ihre Stühle und Tische im Freien aufgestellt. In der Phuong Thanh am Ortsrand von Ha Tien liegen mit der **Chua Tam Bao** (Nr. 328) und der **Chua Phu Dung** (hinter Nr. 374) zwei sehenswerte kleine Tempel.

Etwa 3 km außerhalb der Stadt ziehen sich die **Gräber der Familie Mac** an einem Hang empor. Der Gia-Long-König stiftete sie 1809 aus Dankbarkeit für die Verdienste der Familie.

Frauen mit den charakteristischen Reisstrohhüten

Weitere 3 km stadtauswärts erreichen Sie die **Chua Thanh Van,** mehrere Höhlentempel mit schön geschnitzten Statuen. Am Fuß des Hügels erinnert eine Tafel an das Massaker der Roten Khmer am 14. März 1978, bei dem sie 130 Bewohner niedermetzelten.

Über den weiter nördlich gelegenen Grenzübergang **Xa Xia/ Prek Chak** kann man nach Kambodscha weiterreisen.

Echt gut!

In der Umgebung von Ha Tien laden einige **unberührte weiße Sandstrände** zur Erholung ein.

Hotels

Ha Tien Hotel
36 Tran Hau
Tel. 077/3851563
Das beste Hotel der Stadt. Die 32 Zimmer wirken allerdings ziemlich nüchtern. ●●

Hai Yen
15 To Chau
Tel. 077/3851580
Familiäres Minihotel mit 34 Zimmern, teilweise mit Flussblick. ●

12 **Phu Quoc 23

Die mit 567 km² größte Insel Vietnams liegt im Golf von Thailand, nur wenige Kilometer vor der kambodschanischen Küste. Das einst verschlafene Eiland hat sich zu einer attraktiven Badedestination gemausert. Saison ist von November bis März.

Außer den Resten eines Straflagers, Fabriken für die berühmte Fischsoße und weitläufigen Pfefferplantagen besitzt Phu Quoc zwar keine nennenswerten Attraktionen, dafür verlocken **makellose Strände** zum Entspannen, Schnorcheln und Tauchen und viel unberührte Natur zum Wandern und Fahrradfahren. Der Hauptort ist **Duong Dong** an der Westseite. Von ihm verläuft bis zur Südspitze der 20 km »Lange

Karte Seite 100

Auf Phu Quoc locken paradiesische Strände

Strand«, **Bai Truong,** wo sich die meisten Hotelanlagen befinden. Noch richtig verträumt wirken die nördlich von Duong Dong gelegenen Strände **Bai Ong Lang** und **Bai Cua Can** mit einigen wenigen Resorts. Auf jeden Fall lohnt sich ein Ausflug zu dem an der Südostseite gelegenen Strand **Bai Sao mit feinem, schneeweißem Sand.** Er ist flach und daher gut für Familien mit Kleinkindern geeignet.

Anreise

Mehrmals tgl. Flüge von Ho-Chi-Minh-Stadt und von Rach Gia. Fährverbindungen zwischen Rach Gia bzw. Ha Tien und Phu Quoc; Schnellboote benötigen 1,5 bzw. 3 Std.

Hotels

La Veranda Resort

Duong Dong
Tel. 077/3982988
www.accorhotels.com
Stilvolles Resort mit 43 Zimmern, Pool und weiteren Annehmlichkeiten. ●●●

Cassia Cottage

Bai Truong
Tel. 077/3848395
www.cassiacottage.com
Hübsches Refugium mit 18 Zimmern in mehreren Bungalows, drei davon direkt am Strand; Pool. ●●●

Mango Bay

Bai Ong Lang
Tel. 077/3981693, 090/3382207
www.mangobayphuquoc.com
Weitläufige, umweltfreundlich geführte Anlage mit verstreuten Bungalows. ●●

Mai House Resort

112/7/8 Tran Hung Dao
Km 7, Duong Dong
Tel. 077/3847003
maihouseresort@yahoo.com
Von einem französisch-vietnamesischen Paar geführtes Resort mit 16 Bungalows inmitten eines herrlichen Tropengartens. Oft ausgebucht, da sehr beliebt. ●●

Infos von A–Z

Ausrüstung und Gepäck

Neben lockerer Baumwollkleidung, festen Schuhen und Regenschutz gehören in den Koffer: Mückenschutzmittel, Sonnenschutz (Hut, Brille, Sonnencreme), Plastiksandalen, Handtücher (wenn Sie in entlegene Gegenden fahren), Adapter, Taschenlampe und Taschenmesser, genügend Speicherchips und Ersatzbatterien für Ihre Kamera. Zusätzliche Passfotos und Kopien Ihrer Reisedokumente sorgen im Notfall für schnelleren Ersatz.

Diplomatische Vertretungen

Botschaften der SR Vietnam

- Elsenstr. 3, 12435 Berlin, Tel. 0 30/53 63 01 08, www.vietnambotschaft.org
  Außenstelle: Siesmayerstr. 10, 60323 Frankfurt/M., Tel. 0 69/79 53 36 50
- Felix-Mottl-Str. 20, 1190 Wien, Tel. 01/3 68 07 55 www.vietnamembassy-austria.org
- Schlösslistr. 26, 3008 Bern, Tel. 0 31/3 88 78 78 www.vietnam-embassy.ch

Europäische Vertretungen in Vietnam

- **Deutsche Botschaft**
  29 Tran Phu, Hanoi, Tel. 04/38453836, www.hanoi.diplo.de
- **Deutsches Generalkonsulat**
  126 Nguyen Dinh Chieu, Dist. 3, Ho-Chi-Minh-Stadt, Tel. 08/38291967, www.ho-chi-minh-stadt.diplo.de
- **Österreichische Botschaft**
  Prime Center, 53 Quang Trung, Hanoi, Tel. 04/39433050 www.bmaa.gv.at/botschaft/hanoi
- **Schweizer Botschaft**
  Hanoi Central Building Office, 44 B Ly Thuong Kiet, Hanoi, Tel. 08/37446996, www.eda.admin.ch/hanoi
- **Schweizer Generalkonsulat**
  42 Giang Minh, An Phu Ward, Dist. 2, Ho-Chi-Minh-Stadt, Tel. 08/38205402

Ein- und Ausreise

Die Einreise ist nur mit gültigem Visum möglich. Sie können das Antragsformular auf der Website der Botschaft herunterladen oder (mit frankiertem Rückumschlag) samt Merkblatt anfordern. Für den Antrag sollten Sie eine Bearbeitungszeit von einer Woche einkalkulieren – vor dem Tet-Fest im Januar/Februar noch mehr. Das vier Wochen gültige Touristenvisum kostet bei einmaliger Einreise 64 €, über einen Veranstalter im Rahmen einer Pauschalreise weniger. Es gilt für alle internationalen Grenzübergänge und Flughäfen. Im Flugzeug füllen Sie die ausgeteilten Einreiseformulare aus. Dort tragen Sie auch Ihre Kameras und Computer ein. Gepäckstücke werden bei der Einreise durchleuchtet.

Elektrizität

Die Netzspannung beträgt 220 V; es gibt bisweilen Netzschwankungen. Die Steckdosenvarianten sind vielfältig, sodass Sie für alle Fälle einen Universaladapter mitbringen sollten.

Fotografieren

Militärische Einrichtungen dürfen nicht fotografiert oder gefilmt werden. Wollen Sie Porträtaufnahmen machen, gebietet es die Höflichkeit, vorher das Einverständnis der Betroffenen einzuholen. Speicherchips, Batterien und Papierfilme gibt es in größeren Orten.

Geld und Währung

Ein- und Ausfuhr des vietnamesischen Dong (VND) sind nicht gestattet, Fremdwährungen im Gegenwert von bis zu 7000 US$ brauchen nicht deklariert zu werden. Derzeit gibt es Banknoten im Wert von 200, 500, 1000, 2000, 5000, 10 000, 20 000, 50 000, 100 000 und 500 000 Dong sowie Münzen im Wert von 200, 1000 und 5000 Dong.

Wichtigste Fremdwährung ist der amerikanische Dollar. Banken tauschen Reiseschecks und Bargeld der führenden Währungen. Die meisten Filialen verfügen über Geldautomaten (ATM), die auch EC-Karten akzeptieren (nur mit PIN, hohe Gebühr!). Nehmen Sie unbedingt Dollar in bar mit (nur saubere, unbeschädigte Scheine). Lassen Sie sich auch kleine Einheiten geben, denn in abgelegenen Gebieten gibt es oft kein Wechselgeld, Hunderter werden zuweilen abgelehnt. Flugscheine, Mietwagen und Hotels werden bevorzugt in Dollar kassiert, und auch sonst sind Dollar sehr beliebt.

Bessere Unterkünfte, Restaurants oder Geschäfte akzeptieren die gängigen Kreditkarten. Gelegentlich verlangen sie einen Aufschlag von 3–4% des Rechnungsbetrages. Bei Verlust oder Diebstahl hilft die zentrale Sperr-Telefonnummer 00 49/11 61 16.

Gesundheitsvorsorge

Impfungen sind nicht vorgeschrieben (Tetanus- und Polioimpfschutz sollten aber noch wirksam sein).

Vietnam ist ein anstrengendes Reiseland, für das eine gute körperliche Verfassung nötig ist. Hohe Luftfeuchtigkeit und sehr große Hitze erfordern eine ausreichende Flüssigkeitsaufnahme. Leitungswasser ist absolut tabu – es gibt überall abgefülltes Trinkwasser. Speiseeis und Eiswürfel in Getränken sollten Sie außerhalb guter Hotels und Restaurants ebenfalls meiden.

Ein Problem im südlichen Mekong-Delta und einigen Provinzen des Zentralen Hochlands ist die Malaria. Erkundigen Sie sich beim Tropeninstitut oder unter www.fit-for-travel.de und nehmen Sie ein Standby-Mittel mit. Schützen Sie sich in der Dämmerung durch bedeckende Kleidung und Insektenschutzmittel, schlafen Sie unter Moskitonetzen, wo dies erforderlich ist. Die Inkubationszeit kann sehr lang sein. Wenn Sie also, auch Monate nach der Rückkehr, ungeklärtes Fieber bekommen, machen Sie einen Malariatest!

In Hanoi und Ho-Chi-Minh-Stadt ist die ärztliche Versorgung dank Privatkliniken recht gut, in den Provinzstädten o.k., auf dem Land dagegen ziemlich schlecht. Nehmen Sie also Medikamente, die Sie regelmäßig brauchen, in ausreichender Menge mit. In die Reiseapotheke gehören außerdem Mittel gegen Malaria, Schmerzmittel, Elektrolyte (bei Durchfall), Wund- und Brandsalbe, eine Salbe gegen Prellungen, Zerrungen und Verstauchungen, Desinfektionsmittel, Heftpflaster und Verbandszeug. Ganz Vorsichtige nehmen auch sterile Einwegspritzen mit. Bei schweren Fällen sollten Sie die Ausreise zumindest nach Singapore, Hongkong oder Bangkok ins Auge fassen.

! In Vietnam treten immer wieder Fälle von Vogelgrippe auf, die auch für Menschen tödlich sein kann. Meiden Sie daher besser Märkte mit Lebendvieh.

Informationen

Derzeit gibt es im deutschsprachigen Raum leider kein vietnamesisches Fremdenverkehrsamt. Informationen erteilt

- **Indochina Services,**
Enzianstr. 4a, 82319 Starnberg,

Tel. 0 81 51/77 02 22, www.indochina-services.com.

Internet

Internet-Cafés mit günstigen Tarifen gibt es in jedem größeren Ort. Teils sind die Verbindungen noch langsam. Immer mehr Cafés und Hotels bieten drahtlosen Internetzugang (Wi-Fi).

Knigge

Lächeln öffnet viele Türen. Bei Konflikten sollten die Beteiligten ihr Gesicht wahren können. Bleiben Sie daher höflich und kompromissbereit. Mit Brüllen und Beleidigungen kommen Sie nicht weiter. Ein Nein drücken Vietnamesen mit einem zögerlichen Ja oder verlegenen Lächeln aus. Der Kopf als bedeutendster Körperteil darf nicht berührt werden, auch nicht bei Kleinkindern. Die Füße bitte niemals in Richtung einer Person oder eines religiösen Gegenstandes ausstrecken. Vor dem Betreten von Privathäusern und Tempeln sollten Sie die Schuhe ausziehen.

Öffnungszeiten

- **Banken:** Mo–Fr, meist 7.30–11.30 und 13.30–15.30 Uhr.
- **Post:** meist tgl. 7.30–19 Uhr, in kleineren Orten oft Mittagspause und frühere Schließzeit.
- **Museen:** meist 8–16 Uhr (manchmal mit zweistündiger Mittagspause), montags geschlossen.
- **Läden:** keine Regelung. Die meisten öffnen täglich frühmorgens und schließen bei Sonnenuntergang, in den Großstädten oft erst gegen 20 oder 21 Uhr.

Urlaubskasse	
Tasse Kaffee	ab 0,50 €
Softdrink	ab 0,80 €
gekühlte Kokosnuss	ca. 0,50 €
Glas Bier	ab 0,70 €
Nudelsuppe	ab 0,70 €
Taxifahrt (Kurzstrecke, ca. 5 km)	3 €
Mietwagen mit Fahrer/Tag	ab 40 €
Guide pro Tag	ab 15 €

Post und Telefon

Auslandspost ist im Vergleich zur Inlandspost recht teuer, oft werden statt Briefmarken Freistempelmaschinen verwendet. Marken bekommen Sie im Postamt *(buu dien)*. Eine Postkarte nach Europa braucht etwa 10 Tage und kostet abhängig von der Größe 8000–9000 Dong.

Direkte Auslandstelefonate können Sie fast in jedem Hotel führen, in Postämtern werden sie vermittelt. Ein 3-Minuten-Gespräch nach Westeuropa kostet ca. 10 $ (in Hotels mehr). Bei den Call-to-Call-Nummern 171, 177 oder 178 kommt die Minute unter 2 $.

Internationale Vorwahlen: Deutschland 00 49, Österreich 00 43, Schweiz 00 41.

Vietnam hat die Landesvorwahl 00 84. Wer von Europa aus in Vietnam anruft, muss die 0 der Ortsvorwahl weglassen.

Alle führenden Handy-Anbieter haben ein Abkommen mit einem vietnamesischen Partner. Allerdings sind die Roaming-Gebühren – sie gelten auch für eingehende Anrufe – recht hoch (vorher informieren!). Für Prepaid-Tarife gibt es Sonderregelungen. Vieltelefonierer können sich vor Ort eine SIM-Karte mit neuer Nummer besorgen. Sie ist in jedem Handy-Laden für wenige Dollar erhältlich.

Sicherheit

Im Prinzip ist Vietnam ein sicheres Reiseland, doch leider steigt auch hier die Kriminalitätsrate. Lassen Sie wertvollen

Schmuck zu Hause und achten Sie, besonders in Menschenmengen, auf Ihre Wertsachen. Die Nachtclub- und Discoszene dient in erheblichem Maße der Anbahnung von Prostitution und unterliegt weitgehend der Kontrolle der organisierten Kriminalität, zu der auch Teile der Polizei gehören. Aktuelle Infos unter www.auswaertiges-amt.de (D), www.bmaa.gv.at (A) und www.eda.admin.ch (CH).

Trinkgeld

In kleinen Lokalen erwartet man kein Trinkgeld, ansonsten freuen sich Hotel- und Restaurantangestellte über ein paar Scheine. Bei Reiseleitern und Fahrern ist je 1 $ pro Reisetag angebracht.

Zeit

In Vietnam gilt: Mitteleuropäische Zeit (MEZ) plus sechs Stunden, während der europäischen Sommerzeit plus fünf Stunden.

Zeitungen

Die englischsprachigen Zeitungen und Zeitschriften wie »Viet Nam News« oder »Vietnam Economic Times« unterliegen der Zensur und richten sich v.a. an Geschäftsleute, bringen aber auch Tipps zu neuen Restaurants, Kneipen u.Ä. Einige internationale Magazine wie »The Economist« oder »Time« sind an Kiosken erhältlich. Insbesondere in Saigon bieten Straßenhändler frisch gebügelte Blätter aus Flugzeugen an.

Zoll

Zollfrei eingeführt werden dürfen neben Gegenständen des persönlichen Bedarfs 1 l Alkohol, 400 Zigaretten oder 50 Zigarren oder 250 g Tabak. Die Ausfuhr von Antiquitäten ist nur mit Genehmigung erlaubt. Ansonsten sind die Zollfreigrenzen bei der Rückkehr ins Heimatland zu beachten. Für Deutschland, Österreich und die Schweiz gilt: 1 l Hochprozentiges oder 2 l Wein, 200 Zigaretten oder 50 Zigarren oder 250 g Tabak, Geschenke bis 430 € bzw. 300 sFr.

Nach dem Washingtoner Artenschutzabkommen ist die Einfuhr von Waren verboten, die aus geschützten Tieren hergestellt sind. Dazu zählen Elfenbein, Schlangenleder, Schildpatt u.Ä. Solche Gegenstände werden konfisziert, und es drohen zudem empfindliche Strafen.

Literaturtipps

- Der mehrfach verfilmte Vietnam-Klassiker »Der stille Amerikaner« von **Graham Greene** (München 2003) schildert einfühlsam die Dreiecksbeziehung zwischen dem ambitionierten US-Agenten Pyle, dem alternden Engländer Fowler und der jungen Vietnamesin Phuong im Indochina der 1950er-Jahre.
- **Marguerite Duras,** die 1914 in Vietnam geborene Schriftstellerin (gest. 1996), verarbeitete in ihren Romanen immer wieder ihre Kindheit in der Kolonie. Ihr Roman »Der Liebhaber« (München 2008) handelt von der Liebe eines Chinesen zu einer 15-jährigen Französin in Saigon 1930.
- Zu den international bekannten Schriftstellerinnen Vietnams zählt die 1947 geborene **Duong Thu Huong.** Ihre Romane sind ein kritischer Zustandsbericht der vietnamesischen Gesellschaft. Ins Deutsche wurden bisher übersetzt: »Bitterer Reis« (München 1993), »Liebesgeschichte, vor der Morgendämmerung erzählt« (München 1995) und »Roman ohne Namen« (Zürich 1997).

Register

Bildnachweis

Alamy/Frans Lammens: 72; Alamy/Edward Parker: 18; Alamy/Nik Wheeler: 86; Bildagentur Huber/Bruno Morandi: U2-Top12-11; Fotolia.com – Josef Mülleck: 14; Fotolia.com – Gerd Reiber: 2-2; Nicole Häusler: 5, 9, 32, 38, 96, 107, 109, 118, 134; Volkmar Janicke: 2-1, 13, 17, 51, 63, 93, 116; laif/Hartz: 123; laif/hemis.fr/Philippe Body: 98; laif/hemis.fr/René Mattes: U2-Top12-09, 115, 130, 133; laif/Modrow: U2-Top12-01; laif/Selbach: 135; Sabine von Loeffelholz: 57; LOOK-foto/age footstock: 131; LOOK-foto/Per-André Hoffmann: U2-Top12-02, U2-Top12-08; LOOK-foto/travelstock44: 128; Renate Loose: 103; mauritius-images/S. Pearce: 127; Martin H. Petrich: U2-Top12-12, 2-3, 29, 31, 37, 41, 42, 54, 65, 66, 81, 83, 95, 113; Dirk Renkhoff: 43, 121; Six Senses Hideaway Ninh van Bay: 21; Mario Weigt: U2-Top12-03, U2-Top12-04, U2-Top12-05, U2-Top12-06, U2-Top12-07, U2-Top12-10, 1, 6/7, 11, 22/23, 35, 44/45, 46, 69, 74, 88, 90, 97, 124.

Polyglott im Internet: www.polyglott.de

Impressum

Wir freuen uns, dass Sie sich für einen Reiseführer aus dem Polyglott-Programm entschieden haben. Auch wenn alle Informationen aus zuverlässigen Quellen stammen und sorgfältig geprüft sind, lassen sich Fehler nie ganz ausschließen. Wir bitten um Verständnis, dass der Verlag dafür keine Haftung übernehmen kann. Ihre Hinweise und Anregungen sind uns wichtig und helfen uns, die Reiseführer ständig weiter zu verbessern. Bitte schreiben Sie uns:

GVG TRAVEL MEDIA GmbH, ein Unternehmen der GANSKE VERLAGSGRUPPE
Redaktion Polyglott, Harvestehuder Weg 41, 20149 Hamburg, redaktion@polyglott.de

Wir wünschen Ihnen eine gelungene Reise!

Herausgeber: GVG TRAVEL MEDIA GmbH
Redaktionsleitung: Grit Müller
Autoren: Franz Josef Krücker und Martin Petrich
Neukonzeption: Martin Petrich
Redaktion: Bintang Buchservice GmbH, Berlin
Lektorat: Jessika Zollickhofer
Bildredaktion: GVG TRAVEL MEDIA GmbH und Ulrich Reißer
Layout: Ute Weber, Geretsried
Titeldesign-Konzept: Studio Schübel Werbeagentur GmbH, München
Karten und Pläne: Bintang/Katharina Grimm und Kartografie GVG TRAVEL MEDIA GmbH, Hamburg
Satz: Schulz Bild & Text, Mainz
Druck und Bindung: Stürtz Mediendienstleistungen, Würzburg

Printed in Germany
Dieses Buch wurde auf chlorfrei gebleichtem Papier gedruckt.
ISBN 978-3-8464-0931-2

PEFC
PEFC/04-31-1404

Langenscheidt Mini-Dolmetscher Vietnamesisch

Allgemeines

Guten Tag / Hallo	Xin chàu [ßin tschau]
Wie geht's?	Anh (m.) / chị (w.) có khỏe không? [an / tschi goh choä chongm]
Danke, gut.	Khỏe, cảm ơn. [choä, kam əhn]
Ich heiße ...	Tôi tên là ... [doi den la ...]
Auf Wiedersehen.	Tạm biêt. [dạm biet]
Morgen	buổi sáng [buọi schang]
Mittag	buổi trưa [buọi tschua]
Nachmittag	buổi chiều [buọi tschju]
Abend	buổi tối [buoi doi]
Nacht	đêm [dem]
morgen	ngày-mai [ngai mai]
heute	hôm-nay [hom nai]
gestern	hôm-qua [hom kwa]
Sprechen Sie ...	Anh (m.) / chị (w.) có nói ... không? [an / tschi goh noi ... chongm]
Deutsch	tiếng Đức [tiäng dəg]
Englisch	tiếng Anh [tiäng an]
Wie bitte?	Xin lỗi? [ßin lo·oi]
Ich verstehe nicht.	Tôi không hiểu. [doi chongm hiuh]
Sagen Sie es bitte nochmals!	Xin nhắc lai [ßin njak lei]
..., bitte	...xin / mời [ßin / məi]
Danke	cảm ơn [kam əhn]
Keine Ursache.	Không dám. [chongm sam]
was / wer	gì / ai [ji / ei]
welcher	nào [nao]
wo / wohin	ở đâu / đi đâu [əhdəu / didəu]
wie / wie viel	làm sao / bao-nhiêu [lam sao / bao njuh]
wann / wie lange	bao giờ / bao lâu [bao səh / bao ləu]
warum?	tại-sao? [dai sao]
Wie heißt das?	Cái này tên là gì [kai nai den la si]
Wo ist ...?	... ở đâu? [əhdəu]
Können Sie mir helfen?	Xin giúp tôi ? [ßin sub doi]
ja	vâng [wang]
nein	không [chongm]
Entschuldigen Sie.	Xin lỗi. [ßin lo·oi]
Das macht nichts.	Không có chi / gì [chongm goh tschi / ji]

Shopping

Wo gibt es...?	... ở đâu có? [əh dəu goh]
Wie viel kostet das?	Cái nầy giá bao-nhiêu? [gei nai sa bau nju]
Das ist zu teuer!	Đắt quá! [dət kwa]
Das gefällt mir (nicht)	Tôi (không) thích cái ấy [doi (chongm) tig gei ei]
Ich nehme es!	Tôi lấy cái này! [doi lei gai nai]
Wo ist eine Bank?	Ngân-hàng ở-đâu? [Ngan hang əhdəu]
Geben Sie mir zwei Kilo Orangen	Cho tôi một hai ki-lo-gam cam [tscho doi mot hai kilogam gam]
Haben Sie deutsche Zeitungen?	Ông (m.) có báo bằng tiếng Đức không? [Ongm goh bao bang tiäng dəg chongm]

Essen und Trinken

Die Speisekarte, bitte!	Xin cho tôi xem thực-đơn! [ßin tscho toi ßem thəg dən]
Brot	bánh mì [ban mi]
Kaffee	cà-phê [gafeh]
Tee	nước-trà *(Süden)*; nước-chè *(Norden)* [nuək-tscha / nuək tschä]
mit Milch / Zucker / Eis	sữa / đường / đá [schu·a / duəng / da]
Orangensaft	nước cam [nuək gam]
Suppe	canh / xúp [ganh / ßup]
Fisch / Meeresfrüchte	cá / đồ biên [ga / do bien]
Fleisch/ Geflügel	thịt / gà vịt [thit / ga wit]
Beilage	món ăn kèm [mon ən kem]
vegetarische Gerichte	cơm chay [gəm tschai]
Eier	trứng [tschungm]
Salat	xà-lách [ßalag]
Dessert	đô-tráng-miệng [do tschang mieng]
Obst	trái cây *(Süden)*; hoa quả *(Norden)* [tschai gai / hoa kwa]
Speiseeis	kem [gehm]
Wein	rượu / rượu vang [ruəu / ruəu wang]
Bier	bia [bia]
Wasser	nước [nuək]
Mineralwasser	nước suối / nước khoáng [nuək suoi / nuək choangm]
Ich möchte bezahlen.	Tính tiền [din tien]